一生分のお金を守る投資・保険の考え方

「コツコツ投資」が貯金を食いつぶす

経済ジャーナリスト
荻原博子

大和書房

プロローグ
家計を守りたい人の投資・保険

この先ずっと、自分はお金に困らずに生きていけるだろうか。

今の時代、たとえ定職についている人であっても、ほとんどの人がこうした漠然とした不安を抱えているでしょう。

１９９０年代のバブル崩壊以降、一貫して景気の悪い時代が続くなか、戦後の日本を支えてきた終身雇用制度はほぼ神話となり、いつどの会社が倒産するかも、いつ自分が職を失うかもわかりません。

また、２００８年に起きたリーマン・ショック、そして２０２０年以降の新型コロナウイルスのパンデミックによって、失職や収入の激減を経験した人も多くいると思います。

いつ収入が絶たれるかもわからないうえに、老後のために貯蓄も必要となれば、ただ漫然と働いているだけというのは、リスキーなのではないか、と考えるのも当然です。

特別に大儲けしたいわけではない。ただ、この先、食いっぱぐれないために、資産を守り、増やしていきたい。そんな理由で、これまで考えてこなかった「投資」や「保険」を始めることを検討している人も多いはずです。

かつては、「投資」や「保険」といえば、資産を増やしたいという意欲を持った人がやるものでしたが、近年は売り手側も、あえて初心者向けのキャッチコピーを多用し、これまで資産運用を考えてこなかった、どちらかというと「お金ベタ」な新規の加入者を増やすのに躍起になっています。

そう、たとえば、**「投資でコツコツ積み立てよう」**というような言い回しを巧みに使ってくるのです。

このとき、ほんの少しマネーリテラシーを持っていれば、「コツコツ投資」などというワードがどれだけ矛盾したものであるかわかるのですが……。もしあなたに「コツコツ投資」が魅力的に響いたのであれば、この本はまさに目からウロコの一冊でしょう。そうした矛盾を一つ一つ暴き、あなたの知らない投資のリスクを、誰にでもわかるように解明してみせます。

具体的には、「投資」や「保険」とはどういうものなのか、超初心者に向けて、さらにいえば、お金のことを考えるのが本当は苦手な「お金ベタ」に向けて、言い方を変えれば金融機関や保険会社のカモになるような人たちに向けて、さまざまな商品やセールストークを例にあげて解説していきます。

「投資」「保険」の大原則

詳しいことは本編にゆずるとして、ここで少しだけ、絶対に押さえておくべき「投資」と「保険」の基本のキを。

①あわてて不要な商品に手を出さない、②すでに持っている武器や資産を活か

す、という二つの原則さえ守れば、あなたがこの先食いっぱぐれることはまずありません。

また、そのまま章タイトルにもしていますが、投資については、**「投資を家計に持ち込むな！」**、保険については、**「保険で資産運用はするな！」**ということさえ押さえておけば、まず失敗はなくなるはずです。

そもそも投資とは、リスクを負いつつ儲けるためにやるものであって、資産を守るためにするには不向きなものです。だから基本的には、「それを全部失っても大丈夫」という資金を用意してから始めるべきことで、生活に必要な資金を注ぎ込むなんていうのはもってのほか。

「堅実にお金を貯めていきたい」「将来のために家計をしっかり守りたい」という人は、投資に手を出すべきではないのです。

では、そんなあなたが、なぜ投資というものに興味を持ったのか。それにはもっともな理由があります。

「コツコツ積み立てていきましょう」
「長期的に資産を運用しましょう」
「たいせつな資産の管理はプロに任せましょう」
「ただ貯金していくだけではもったいないし、むしろリスクがありますよ」

投資の現場は、世界中の金融界の猛者たちが、儲けを得ようと切った張ったの攻防を繰り広げる世界なのに、そのセールストークは、「堅実」「安心」といった、実態とは真逆のフレーズを駆使しているわけです。

誰もが経済的な不安や危機感を抱かずにはいられないなかで、このような、いわば「安心型」のフレーズに惹かれるのは、ある意味で当たり前のことでしょう。

でもそこで、一度よく考えてほしいのです。

たとえば、「投資でコツコツ運用を」と耳にすることがあります。毎月1万円ずつをコツコツ預金で積み立てていくことは、すばらしいことだと思います。一方で、投資の基本的な構造は、安いときに買って高いときに売り、その差額で儲けることです。安いときにも1万円、高いときにも1万円で、毎月コツコツ同じ額だけ商品を買い続けていくことが、投資というものの原理に反していることが、本書を読めばわかるでしょう。

また、「ただ貯金しているよりおトク」と、保険商品を資産運用の手段として考えることにも注意が必要です。

私に言わせれば、保険はあくまで保険として入るべきもので、今の時代に運用目的で保険に入るのは、はっきり言って損です。そして、本編で詳しく説明しますが、私たちはすでに、公的保険という最強の保険に加入しているのです。それをしっかり使いこなすことのほうが、ずっと大切です。

家計を守り、賢く資産を運用していくためにも、まず「知る」ということはとても大事なことです。また、投資をはじめとする金融商品を通じて市場を、そして世の中の動向を知ること自体は、とても面白く、世界を広げてくれるものであることには間違いありません。

投資は、あわてて動いてしまう前によく調べ、実態を知ること。保険は、すでに持っているものを活かし、運用とは切り離して考えること。この本を読み終える頃には、この考えがしっかり身につき、あなたはすでに「お金ベタ」ではなくなっているはずです。

この本が、あなたが投資・保険の実態をきちんと理解したうえで、一生食いっぱぐれることなく、前向きにお金のことを考えるための材料になればと願っています。

Contents

「コツコツ投資」が
貯金を食いつぶす

一生分のお金を守る　投資・保険の考え方

1章 投資を家計に持ち込むな！

要注意ワード

2章

保険で資産運用はするな！

要注意ワード

1章

投資を家計に持ち込むな！

「投資」とは

借金減らして現金増やせ

投資とは、「前もってお金を投じておき、いずれ、投じた金額より大きな額を手にすること」としてみましょう。必ずうまくいくのなら投資をするに越したことはありませんが、将来手にする金額が、前もって投じていた金額よりも下がる、つまり失敗する可能性もあるのが、難しいところです。

むしろ、**素人が投資をした場合、失敗する確率のほうが圧倒的に高い**ということを、私はこの本を通じてお伝えしていくつもりです。

しかし、そんななかで、絶対に損をしない確実な投資があります。それは、**借金を返す**こと。もしあなたに投資に使えるお金があるのであれば、迷わず借金（ローン）返済にそれを投じるべきです。

みなさん、「将来が不安」「資産を増やしたい」と**1%前後の利回りの投資商品に手を出しながら、キャッシング（銀行のカードで現金を借りること）**などと言**って、10～15%もの金利でお金を借りたりしている。**こんなバカげた話はありません。

まずは、借りたお金を返しましょう。返せば、その利息分が確実に減ります。今の時代、高額な利息をなくしていくことほど目に見えた結果の出る「運用」はありません。

　住宅ローンも同じです。今はローンの利率は低いですが、借りている額が大きいですから、ローンを完済するまでに相当な利息を払うことになるはずです。

たとえば、利率が35年間固定のフラット35でローンを組んだ場合、４０００万円のローンで家を買い、利率１・５％、返済期間35年とすると、ローンを終えるまでに支払う総利息額は、１１４３万８８１６円にもなります。今は住宅ローン減税制度を使えばローンの残高の１％が最大13年間所得税から控除されますが、どんなに大きな控除でも、税金を納めている範囲内でしか返ってこないので、それほど納税していない普通の方は、どんどん返しましょう。

　また、投資をするのであれば、家計とは別の、失ってもいいプラスアルファのお金ができてからにするべきです。家計に影響しない範囲であれば、競馬をしてもいいし、パチンコをしたっていい。投資も、競馬やパチンコと同じようなものです。

投資に回せる余裕資金ができたときには、専用口座を作り、そこで管理するようにしましょう。１００万円だったら１００万円をその口座に入れ、その中で自分の好きなように投資商品を売り買いすること。そうすればお金の増減もよく把握できますし、口座からお金がなくなったらそこで終わりですから、とてもシンプルです。

ポイントは、生活費や将来必要なお金の口座とは、きちんと分けておくことです。たいして利息は増えませんが、これが資産を減らさずに済む堅実な方法です。


私は「借金減らして現金増やせ」と、バブルが崩壊してからずっと言い続けてきました。異を唱える人もいるかもしれませんが、「借金減らして現金増やせ」をずっと実践してきたのが、何を隠そう日本の企業なのです。

日本の企業は、１９９０年代前半のバブル崩壊以降、不良債権を処理して内部留保を増やしてきました。内部留保というのは、利益の中から税金や配当などの社外に出ていくお金を差し引いて、蓄積したお金のこと。コロナ禍でも左ウチワの企業は、いっぱいあるのです。

いま（２０２１年５月現在）、日本は株高です。そのおもな要因は三つありますが、その一つが、**企業が内部留保をがっちり持っている**こと。残りの二つは、金融緩和政策と日銀の買い支えです。

この金融緩和によって収益が悪化している金融機関も生き残りをかけて、あなたの資産を狙っています。甘い言葉やカラクリにはまって投資などしては、相手の思うツボ。**借金（ローン）があるなら、さらなるリスクを背負いこむことのないように**気をつけてください。

「投資信託」

投資のプロがリスクを分散して運用してくれるから、安心そう。銀行の窓口でていねいに説明してくれたし。

投資信託についての解説をこの本の最初に持ってきたのには、理由があります。それは、この投資信託こそが、素人がなびきやすい「メリット」と、そしてその裏にはリスクがたくさん詰め込まれた投資形態だからです。

銀行（や郵便局などの金融機関）で話を聞くと、投資信託について、

「少額から始められる」

「初心者でも始めやすい」

「放っておけば資産形成ができる」
「年金代わりになる」
「運用はプロにおまかせ」
「信用できる銘柄に分散して投資するから低リスク」

等々の甘い言葉で購入を勧められるはずです。
なかでも積立《つみたて》型の投資信託を勧められるケースが多く見受けられますが、それはどうしてなのでしょうか。そして、銀行が説明する数々のメリットは、鵜呑みにしてもよいものなのでしょうか。一つずつ考えていきましょう。

まず、投資信託とは、

顧客からお金を集め（投資してもらい）、そのお金をファンドマネージャー（運用の専門家）がさまざまな金融商品に投資し、得た利益を顧客に分配する。

という商品です。

ファンドマネージャーは、株や為替などのリスク・リターンが高いものや、国内債券などリスク・リターンが低いものなどを取り混ぜて、幅広い金融商品に分散して投資をします。

もし投資信託ではなく、ある企業の株を単一で買った場合、その企業の株価が下落すると、その下落分がそのまま自分の損になってしまいます。一方で投資信託は、複数の株を保有することでリスクを分散でき、しかも投資先については、専門のファンドマネージャーが選んでくれるという商品です。

しかし、リスクが分散されているということは、リターンも分散されるということ。もともと「資産を増やしたい」という意気込みで検討を始めた資産運用なのに、足を踏み入れる瞬間には「損をしたくない」という気持ちにすり替わってしまっていませんか？

それなら、別に投資などせずに貯金をしておけばよいのです。

投資を検討する過程で、家計を見直し、「自分にはコツコツ貯金をしていくほうが合っている」と気づいたのであれば、それだけで大きな収穫です。

リスクを負ってでもリターンを得ようという心づもりがなければ、そもそも投資に手を出すべきではありません。

しかし多くの人が、金融機関の担当者と話をしているうちに、商品のことはよくわからないまま、「なんとなく安心そうだから、買ってみよう」という気持ちにさせられてしまうのです。

「なにかを始めなければならない」という強迫観念と、「それでもリスクは負いたくない」という素人の矛盾した心理に、この投資信託という商品がぴったりとハマるわけです。

特に、それまで投資には興味がなく、「お金のことは、銀行の窓口に相談するのがいちばん」と思っているような人は、要注意。

銀行は、**「預金と同じ」**とか**「ただ預金するよりおトク」というように、投資商品をあたかも預金と同列のものであるかのように**勧めてきます。そうして、本来であれば預金をしていればいいはずの堅実派の顧客を、投資へ誘い込むのです。

日ごろから投資に興味や関心があり、インターネットなどで情報を集めている人であれば、ある程度の仕組みは把握できているでしょうが、なんの知識もなく、「まず窓口で話を聞こう」という人を金融機関は狙っています。


金融機関が預金より投資を勧めてくるのには、理由があります。それは、**預金（貯金）は、金融機関にとってはリスク商品**だから。

今の時代は預金をしていてもほとんど利息がつかないので、銀行側にとっての「利息をつける」というリスクは、微々たるものではありません。それでも、お金を預かった以上、それを運用して増やし、顧客が引き出したいと思ったときにいつでも返せるようにしておかなければならないというリスクがあるわけです。

現在は、銀行といえども、運用によって資産を増やすのはたやすいことではありません。だから、預金が増えれば増えるほど、銀行側にとってはリスクが増えていくのです。

そこで出てくるのが投資です。

投資信託であれば、銀行は、商品を売ったそのときだけでなく、その後の契約期間中ずっと、信託報酬という手数料を受け取り続けることができるのです。

しかも、もし投資商品の価格が下がって元本《がんぽん》割れしたとしても、その損失を負うのは買った人ですから、銀行にとってはノーリスク。**銀行にしてみれば投資信託は、投資先の価格が上がろうと下がろうと、ノーリスクで安定して手数料を受け取り続けることができる、「優良な」金融商品なのです。**

このことは、後で詳しく説明しましょう。

また、銀行にお任せで投資信託を始めた人は、運用状況を細かく確認したりはしないでしょう。

テレビや新聞を見れば日々の株価はすぐに確認できますが、投資信託は、いくつもの金融商品を組み込んで運用しているので、中身を正確に把握しにくくなります。一度契約してしまえば、その後の運用状況がどうなっていようと「プロがきちんと運用しているから」と、手放しで契約を更新し続けてしまうわけです。

その結果、投資した商品の価値が下がっているのに手数料を払い続けるという、二重の損失を気づかぬうちに抱えてしまったりもするのです。

まとめ

銀行が投資信託を勧めるのは、手数料を取り続けられる優良金融商品だから。
購入者にとっては買った銘柄の値も把握しづらく、ズルズル値下がりする不安を持ち続けることにもなります。

「積立型《つみたてがた》投資信託」

毎月コツコツ貯金をしてもほぼ利子がつかない…。それなら同じ額を投資していくほうが利回りがよくておトク？

それでは、投資信託について、商品のタイプごとに見ていきましょう。

投資信託の中でも勧められることが多いのが、積立型の商品です。毎月、一定の額を投資していく商品で、「ただ貯金をしているより利回りがよくておトク」という理屈ですが、本当にそうなのでしょうか。

確かにいまは、預貯金の利息はほとんどつかない時代です。だとしても、決まった額をコツコツと貯金していけば、最低限、自分で入れた分だけの金額は口座に残ります。大きく増えることはなくても、減ることもありません。

だから、プロローグにも書いたように、**預貯金であれば**、コツコツ積み立てることは意義のあることなのです。


でもそれは、投資においては当てはまりません。

そもそも投資というのは、株などの投資商品の値動きを見定めて売買し、その差額で利益を得ることが基本です。価格の安いときに購入し、価格が上がったときに売却すれば儲けになりますが、買ったときよりも価格が下がってしまえば、損をするケースが多いもの。

たとえば、株式投資をする場合には、保有したい株の価格の動きを見て、値下がりしたら買い足すし、値上がりしたら買うのを見送ります。

ところが、**積立の投資信託は、それができません。毎月10日なら10日と決められた日にコツコツ買いつけをするように設定されているから**です。投資商品が値上がりしていようが値下がりしていようが、関係ないのです。

担当のファンドマネージャーがさまざまな金融商品の値動きをチェックして、安かったら買い、高ければ買わないという判断をしてくれればよいですが、現実的にそんな面倒なことはしていられません。

そのとき、銀行側の理屈として**「ドル・コスト平均法」**という言葉がよく使われます。

「ドル・コスト平均法」は投資商品を購入する手法の一つで、簡単に言うと、「常に一定の金額で、定期的に買い続ける」というものです。結果的に、商品の価格が値上がりしていたら買える量が少なくなり、値下がりしていたら多く買えるため、ならしていけば、平均的な価格で買い続けられるということになります。

一見、理に適っているようにも感じますが、「ドル・コスト平均法」は、逆にいえば、**価格が安いとき（いわゆる、買いどき）にも買う量に上限があるし、商品が高いとき（買い控えるべきとき）にも一定額分を必ず買わなければならない**わけです。

つまり、安いときに買えるだけ買い、高いときには購入を見送るという投資のセオリーから、はずれているのです。

投資における「コツコツ」とは、そういうことです。

もちろん、「ドル・コスト平均法」には、長期的にみて購入価格が平均化され、大幅な損失を回避できるというメリットがあるため、金融機関であったり、莫大な資産を持っている人であれば、資産の一部をこの手法で運用することには効果があると思います。

ただ、将来に不安を感じているあなたは、おそらく持っている資産に余裕があるわけではないと思います。**その限られた資産の中から、安くない手数料を払ってまで、平均的な価格で投資商品を買い続ける意味はあるのでしょうか。**

わかりやすく、手元に６万円があるとして考えてみましょう。

ここから、ドル・コスト平均法にならって、６か月のあいだ毎月１万円ずつ、Ａという株を購入することにします。

仮にＡの株価が、最初の１～２か月目が１株あたり５００円で、３～６か月目は１株あたり２０００円に値上がりしたとしましょう。

　すると、最初の２か月は１株５００円ですから、１万円で買えるのは20株で、２か月合計すると40株。後の４か月は１株２０００円ですから、毎月５株ずつ買うことになり、合計20株。つまり、６か月分を合計すると、６万円で60株を購入したことになるので、１株あたり１０００円の単価で株を買ったことになります。

　一方で、安いときに多く買い、高いときは買い控えるという投資のセオリーにならって購入していった場合の計算もしてみましょう。

6か月間で6万円分の株を買った場合の比較

	1か月め	2か月め	3か月め	4か月め	5か月め	6か月め	
株価	500円		2,000円				
月ごとの買える株数							
ドル・コスト平均法	20	20	5	5	5	5	計60株
投資のセオリーどおりに購入	60	60	0	0	0	0	計120株

同じ6万円を使って持ち株数は2倍の差に

まず株価が５００円だった最初の２か月の間に、６万円を全部使って１２０株を買ってしまいます。そして株価が上がった後半４か月は、いっさい買い足しません。すると当然、あなたが買った株の単価は５００円となり、割安です。

前者と後者で、同じ６万円を注ぎ込んだのに、かたや１２０株を保有し、ドル・コスト平均法にならったもう一方は半分の60株しか買えなかったわけです。

「前もって株価が上がるのかわからないのに、最初の２か月に全額の６万円を注ぎ込むのは不自然だ」というのであれば、最初の２か月は前者と同様に１万円ずつ買い、株価が上がったのを見て残り４か月は買い控えたということにしてみましょう。それでも、２万円で40株を保有することになり、ドル・コスト平均法で機械的に買い続けた場合よりずいぶん単価は安くなります。

では、このような非合理的な商品をなぜ金融機関は熱心に売ろうとするのか。その理由は「投資信託」の項目で説明したとおりで、「手数料を受け取れるから」です。投資信託にかかる手数料には、販売手数料（購入時にかかる手数料）、信託報酬（運用管理費用）などがあります。しかも、積立型投資信託の場合、積立を継続している間は毎月、販売手数料を支払わなければなりません。

繰り返しますが、金融商品の相場は一定ではありません。いいときもあれば、悪いときもある、それなのに基本的には、**販売手数料や信託報酬は必ず発生し、払わなければなりません。**どれほど運用状況が悪くても支払わなくてはならないので、資産が増えるどころかマイナスになることも多いのです。絶対に儲からないとは言いませんが、そうなりがちだということです。

一つ、悲劇的な例をご紹介しておきましょう。

２０００年に、野村證券《しょうけん》が「ノムラ日本株戦略ファンド」という投資信託を売り出しました。社内の頭脳の粋《すい》を集めたというふれこみで、ＩＴバブル相場の高騰にも乗り、当時としては破格ともいえる１兆円を超える資金を集めることに成功したのです。

ところが、１年も経たずにＩＴバブルは崩壊。投資対象だった日本株が低迷し、社内外から不満が噴出して、厳しい批判にさらされました。なんと資産が６割も目減りしてしまい、１０００万円を預けた人の場合、４００万円になってしまったという計算ですから、たまったものではありません。

その後、持ち直してきてはいるものの、１万円という最初の値段に戻るまでに17年かかっています。

しかし、これだけお客さんに損をさせても、販売会社は販売手数料と信託報酬を得られるのですから、大儲けです。

「投資のプロに任せれば安心」「大手の知名度のある金融機関だから安心」というのは、根拠のない思い込みだと肝に銘じておきましょう。

まとめ

積立型投資信託は、安いときに大きく買うことも、高いときに買い控えることもできない、投資のセオリーに反した商品。コツコツ積立は、貯金ならＯＫ、投資の場合はナンセンスです。

「毎《まい》月《つき》分《ぶん》配《ぱい》型《がた》投資信託」

コツコツ積立のカラクリはわかったけど、分配金を約束されている商品なら損することはないのでは？

投資信託では、もう一つ、気をつけたい商品があります。それは、かつて投資信託の売上のほとんどを占め、いまでも根強い人気のある「毎月分配型投資信託」です。

この商品の売り文句は、「毎月（もしくは隔月で）、一定の分配金を得られる」というもの。「毎月必ず2万円が入ってきます」と言われれば、お得で安心と思うかもしれません。

しかし、何度も述べているように、投資というものは運用がうまくいって元金が増えることもあれば減ることもあるものです。それなのに、増えても減っても決まった額の分配金が支払われるというのはおかしいと思いませんか？　「必ず分配金が出る」のは、一体なぜなのでしょうか。

じつは**その分配金は、運用実績から支払えなかった場合には、自分の元金から払われる**のです。つまり、運用によって損をした場合、エサがないと自分の足を食べるといわれるタコのように、自分の出した資金を自分で食べているということ。

しかも、預けている限り、信託報酬を手数料として支払わなければなりません。手数料は商品により異なるため一概には言えませんが、２%程度というところが多いようで、30年預けていれば、30年間引かれ続けます。例えば、１０００万円を30年預け、運用によって増えもせず減りもしなかった場合、残る金額はどれだけになるか——手数料を年２%として計算した場合、なんと５４５万円です。

もし、元の資金から削り取ることなく、運用による利益からのみで分配金を支払うとなると、5％前後の運用成績を上げ続ける必要があります。少し調べれば、今の時代、5％以上の運用を行うことはありえないことがわかるでしょう。

まとめ

毎月分配型投資信託は、利益で配当金を支払えないと、そのぶんは預けている元資金を削って支払われます。利益から配当金を得るには約5％以上の運用成績が必要で、現状では不可能です。

「株式投資」

初心者なので、まず一つの銘柄を買おうと思います。証券会社に出かけて説明を聞いたほうがいいですよね？

もし投資をしたいのであれば、そして「投資は資産を守るものではなく、リスクを負ってリターンを取りにいくもの」ということをわきまえているのであれば、自分の好きな企業の株を、何か一つ買ってみるとよいと思います。初心者だからこそ、投資信託ではなく、シンプルに一つの企業の株だけを買うのです。

株に挑戦してみることは、決して悪いことではありません。そうすることで、投資のセンスや力は磨かれていきますし、市場の動きや社会の動向にアンテナを張るきっかけにもなるでしょう。私自身も株は大好きですし、いくつか所有しています。

ただし、株をするうえで心得ておきたいことが、いくつかあります。

一つは、証券会社に出かけていって窓口で説明を受けたり、商品を買ったりしようとしないこと。

証券会社の窓口で待ち受けているのは、その会社に所属する社員。みなさんに投資商品を売って会社の業績に貢献し、給料をもらうという立場にある人です。「あなたのために最適なライフプランをご提案します」などと言われ、気づいたら、当初考えていたものと別の商品を勧められて購入してしまいかねません。

そしてそれは、証券会社にとっては手数料収入が大きな商品である可能性が大。前項で紹介した「毎月分配型投資信託」などを契約してしまったら、投資で資産を増やすどころの話ではなくなってしまう可能性もあります。

では、直接窓口に出向くのではなく、証券会社が開催する「初心者のための株式投資」などと銘打たれたセミナーに参加するのはどうでしょうか。はっきり言えば、これも、行かないに限ります。株に関する必要な知識を得るだけ……というわけにはいかないからです。セミナーで待ち受けているのは、百戦錬磨の証券マンたち。「早いうちに資産形成を」「豊かな老後のための投資を」「これからは投資で稼ぐ時代」などという言葉で、巧みに勧誘してくることは容易に想像がつきます。

アンケートを利用して個人情報や資産状況を把握され、資産状況によっては、その場でセールスの猛攻をしかけられるかもしれません。そして、話しているうちに、その気にさせられてしまう――これは、人間の心理として仕方のない面もあります。だから、近づかないこと。そもそもセミナーでの話は、投資を勧める側からの一方的な意見でしかありません。

それでは、どのようにして株を買えばいいのでしょうか。これは投資全般や保険についても言えることですが、答えは、**インターネットを通じて買う**、です。

自分でネット証券を検索して口座を開き、気に入った株を一つ購入することに挑戦してみましょう。ネット証券なら自分の判断で株を選ぶことができますし、人件費がかからない分、手数料も安くなっています。

24時間、好きなときにオーダーできることも、メリットです。というか、株価というものは常に変動し、株はその価格を見て「売り」「買い」を判断するもの。リアルタイムで株価を把握するためにインターネットは不可欠です。

ですから、**そもそもインターネットで調べるのではなく、まず証券会社の窓口に赴こうと考える人は株に不向きです**からやめておくのが無難です。

慎重に自分で判断して購入し、その後の値動きも自分で細かくチェックすること。値段が上がったり下がったりする状況を逐一見れば、投資のリスクも身にしみてわかります。すべては、自己責任。これは、投資をするうえで、いちばん大切な心得ともいえます。

次に大切なのが、**生活に影響を及ぼさない資金を別口座に用意し、その資金の範囲内で株を購入する**こと。そして、いきなり限度額まで投資せず、少額から購入してみることです。

ここで一つ、シミュレーションをしてみましょう。

たとえば、あなたが２００万円を株式投資用に用意し、その中から１００万円分で１００株を買ったとします。株は価格が変動しますから、その後、１５０万円に上がることもあれば50万円に下がることもあります。

もし50万円に値下がりしてしまったとき、あなたはどう捉えますか？

「価格が下がってしまった」と寝込んでしまうような人は、株には向いていません。

ここで、**「株の価格が半額に下がったのだから、残りの１００万円で、今度は２００株買うことができる」と考えられる人**、そしてそれだけの資金的余裕がある人は、株に向いています。

その場合、結果的に２００万円で３００株買えた計算になりますから、１株あたりの価格は約６７００円です。つまり、その後、株の価格が６７００円を超えたら儲けが出るということになります。

いまの日本は「官製相場《かんせいそうば》」といって、日銀やＧＰＩＦ（年金積立金管理運用独立行政法人という厚生労働省所管の組織）が相場を牽引し、いわゆる「国」が国内の株式を買い支えている状態です。すでに日銀は、みなさんもよくご存知のユニクロを展開するファーストリテイリングの株を20％以上保有する大株主ですし、日銀の保有率が５％以上という国内の会社は、４８５社にも及びます（２０２１年１月末現在）。

初心者や素人を自覚する人にはわかりにくいことかもしれませんが、これは、**ものすごくゆがんだ相場のありかた**なのです。この相場がどのように推移していくかは、誰にも予測がつきません。

私が「株をするなら、生活に影響を及ぼさない別枠のお金で」と言うのは、そういった日本経済の先行きが見えない状況もあるからなのです。

株を保有していると、いいこともあります。株の価格が下がったとしても、その会社が倒産さえしなければ配当金が出る可能性もありますし、株主優待という恩恵が得られることも。

これが投資信託だと保有している間じゅう信託報酬という手数料を取られてし

まいますが、**株を単一銘柄で買う場合は、買うときに販売手数料を払うだけ。売らないのであれば、そのまま証券口座に置いておけばよい**のです。

私も株をやっているとお話ししましたが、なくなってもいいお金でやっています。１００円から買える株もありますから、無理のない範囲でチャレンジしてみましょう。そして、くどいようですが、株の価格が下がって悲しい気分になる人は、絶対にやらないほうがいいと私は思います。精神的にも、そのほうがいいはずです。

まとめ

株式投資を始めるなら、好きな銘柄を選んで1本買い。
経済や社会の動きにアンテナを張る練習になります。
ただし、口座は分け、家計のお金を投資に回さないように。

「外貨預金」

日本の銀行に預けてもほぼ利子はつかないし、預金をするなら外貨のほうが利率がよくて得ができそう。

確かにいまの日本の金利は低く、１００万円を1年間預けたとしても、定期預金の金利が０・００２％では、税抜き前の利息でもわずか20円にしかなりません。

その点、取り扱い銀行にもよりますが、米ドル、豪ドルなどの外貨のほうが、定期預金の金利は上。なので、同じ金額を預けるなら、日本円より外貨のほうが高い利息がつきます。

たとえば、某大手銀行の外貨定期預金の金利一覧表で米ドルを見てみると、１～２か月は０・１００％、３か月で０・１５０％、１年で０・２５０％となっています。この数字だけを見たら、「米ドルで預けたほうが絶対に得」と思う人が多いことでしょう。

しかし、外貨預金を日本の通常の預金と同じと考えてはなりません。まず、預けるときには円を外貨に換えるので、**必ず為替《かわせ》レートが絡んできます**。ドルで預金をしているときにドル安になれば、当然、その分は損失になります。

さらに、**預けるときにも引き出すときにも手数料が引かれる**ことも覚えておきましょう。国内で日本円を預金するなら手数料はかかりません。銀行にとっては、日本円で預金してもらうより外貨預金にしてもらったほうが、手数料が得られる分、ありがたいのです。

そして、この２点の違いが、あなたの資産を減らす原因になります。

まず、為替レートから説明していきましょう。

わかりやすく、１ドル１００円の時に、日本円で１００万円を米ドルにして預けたとします。米ドルの利率が０・２５０％だったとしたら、単純に計算すると、年に２５００円の利息がつきます。そのうち約２割が税金で引かれるので、儲けになるのは約２０００円です。日本の銀行に預けているよりよさそうに思えますが、これは為替相場がまったく動かなかったときのこと。為替相場は常に変動しますから、１００万円を預けたときに1ドル１００円だったものが、引き出すときに1ドル99円になっていたら、引き出し額は99万円。たった1円の円高になっただけで、２５００円の利息がついたとしても元本割れということです。

「預金」という言い方をするため、どうしても日本の預金と同じ感覚で考えてしまいがちですが、外貨預金は「為替相場次第で変動する投資商品」と考えたほうがよいと思います。利息はともかくとして、外貨に換金したときよりも円安になれば儲かり、円高になると目減りするという為替リスクが必ずついて回るからです。

ここで一度、「円高」「円安」とはどういうものか、どんな状況だとそうなるのか、考えてみましょう。

円高が進むというのはどういうことか。円が高くなるということは、円を買う人が増えているということです。つまり、「日本の円が強いことの証明」と思うのが普通でしょう。しかし、これまでいちばん円高が進んだのはいつだかおわかりでしょうか。

これまでで最も円高が進んだのは、じつは東日本大震災が発生した時なのです。ちなみに、震災から約１週間後の２０１１年3月17日には、１ドル76円を記録しました。日本が甚大なる被害を受け、そのうえ原発事故も起きているという状況下で円高になる、つまり円が強くなることなど、誰が想像できたでしょうか。「世界中の人が、円を売ってドルに換えようとするのでは？」と考えるのが普通だと思います。

それなのに、なぜ円高になったのか。はっきりと真相がわかっているわけではありませんが、あのような大きな災害ですから、日本の生命保険会社は、多くの人に保険金を払う必要に迫られたはずです。そこで海外の資産を大量に売り、たくさんの円を確保しようと動いたのではないかと言われています。

このエピソードで何を伝えたいかというと、**為替は、セオリーどおりには動いてくれない**ということ。それが面白さといえば面白さでもあるのですが、それだけ先読みできないものでもあるのです。

ただ、いまの時代、為替レートはインターネットですぐに確認できます。少しだけでも外貨預金をしてみると為替に興味が持てますし、為替の動きも目に見えますから、勉強の意味で預けてみるのはよいかもしれません。

ただし、くれぐれも外貨預金で儲けようとは思わないこと。先の読めない為替相場で確実に儲けることは素人には難しいです。

ちなみに「外貨預金を、為替レートの影響のない海外で（ドルならドルのまま）使えばいいのではないか」という人がいますが、これもそれほど単純

為替相場の動きと損益

円をドルにする

相場：1ドル＝100円のとき　**100万円→1万ドル**に

⬇

ドルを円に戻す

［円高ドル安時］

相場：1ドル＝90円になったら…

1万ドル → **90万円**に

▶10万円の為替差損

［円安ドル高時］

相場：1ドル＝110円になったら…

1万ドル → **110万円**に

▶10万円の為替差益

な話ではありません。外貨預金の口座を開いた銀行が海外の金融機関と提携しているといったケースを除いては、日本で預けた外貨預金を引き出せるのは、日本国内だけになります。

また、外貨預金を定期で預けた場合、途中で解約できないケースも多いので気をつけてください。

次に、外貨預金の手数料について見てみましょう。

みなさんは、「今日は１ドル○○円」という情報を、ＮＨＫのニュースなどで目にすることでしょう。

ただ、銀行で外貨預金をするときには、この「今日は１ドル○○円」に銀行の手数料が上乗せされます。そうしないと、銀行が儲からないからです。

たとえば、手数料を１ドルにつき１円取る銀行の場合だと、ＮＨＫニュースでは「今日は１ドル○○円」と言っていても、預けるときは「１ドル○○円＋１円」で計算し、引き出すときは「１ドル○○円－１円」で計算します。これで、１ドルで２円の手数料が銀行に入ることになります。

ですから、**為替相場はまったく動かないのに、預けた１００万円が、手数料を引かれて、なんと約98万円に目減りするという結果**になってしまいました。

このように、よほどうまく相場が動かない限り、外貨預金で利益を得るのは難しいのです。

なお、外貨預金の手数料や金利は、銀行や扱う通貨によってかなり差があります。手数料が安いのは、やはりネットバンクです。

まとめ

外貨預金は日本の銀行より金利がよいとはいえ、わずかな円高によってあっさり元本割れするレベルのもの。預金という名に惑わされず、投資と思って接するべきです。

「外貨投資（ＦＸ、外貨建て投資信託）」

ＦＸなどの外貨投資であれば、うまくいけばそれだけで食べていけるほどの大きな収入が得られる？

「ＦＸで大儲け！」というような広告を目にしたことがあるでしょう。ハイリスク・ハイリターンのイメージがあるＦＸ。これはいったいどのようなものなのでしょうか。

ＦＸとは、外国為替を意味する「Foreign Exchange」を略した言葉で、日本では正式名称を「外国為替証拠金取引」といいます。かつては大手金融機関の間だけで取引されるものでしたが、１９９８年の規制緩和により、個人投資家でも利用できるようになりました。それ以降、個人投資家のためのＦＸ会社が次々にでき、利用する個人投資家も増加しています。

　ＦＸの基本は、海外の通貨を交換して利益を得ること。たとえば、あなたが持っている円を、ドルに換えたとします。そしてその後、ドルに交換したときよりもレートのいい時期を見計らって、今度はドルを円に換えます。そこで生まれた差額分が儲けになります。「為替差益《さえき》」という為替レートの変動で儲けを得ていきます。
また、ＦＸの儲け方には、もう一つ、金利を利用するという方法もあります。金利を利用するというのは、たとえば、金利０・１％の日本円を売り、金利３％の国の通貨を買うことで、こうすれば、金利差の２・９％が儲けになります。この二つの国の間の金利差によって発生する利益を「スワップポイント」といいます。

　為替変動と金利差で儲けが得られるという点だけ見ると、先ほど説明した外貨預金と似ていると思うかもしれません。しかし、ＦＸには外貨預金とは大きく異なる点が二つあります。

一つは、**持っている資金を「証拠金」としてFX会社に預ければ、その何倍もの取引ができる**こと。倍率をかけることを「レバレッジをきかせる」といい、日本では現在、**最大25倍の取引が可能**です。

レバレッジとはテコのことで、小さな力で大きなモノを動かすように、1万円の証拠金があれば、最大25倍、25万円分の取引ができるということです。

どうしてこんなことができるかというと、ＦＸでは、株式・債券・手形・小切手といった有価証券と呼ばれるもののやりとりをせず、実物を使わずに利益や損失だけで取引をするから。これを「差金決済《さきんけっさい》」といいます。

これによって、より大きな金額を動かすことができるわけですが、実際に持っている以上の額でやりとりするということは、当然それだけリスクがあるわけです。**1万円の証拠金で25万円分の取引をするということは、24万円の借金をしているのだということを、忘れてはいけません。**

たとえば、1万円しか持っていない人が25万円分の相場を張り、それが半額の12万５０００円になってしまったらどうするのか。11万５０００円分を追加で支払わなければなりません。

ＦＸには、自己破産するレベルのリスクがあるということをしっかりと覚えておきましょう。

外貨預金とのもう一つの違いは、「空《から》売り」ができるという点です。普通は、ドルを売り買いして儲けるのであれば、ドルが安いときに買っておいて（円をドルに換えておいて）、ドルが高くなったらドルを売り（ドルを円に換える）、その差額を得ることになります。

一方の**「空売り」というのは、ドルが高いときに先に売っておいて、その後ドル安になったときに後から買う**、という方法です。

たとえば、今は1ドル１００円の為替相場が、この先1ドル90円になりそうだというような、相場が下落することが予想される場合にこの手法が取られます。1ドル１００円のときに、ＦＸ業者からドルを借りてそのまま売り、90円になったときに買い戻せば、10円の儲けになります。

こちらもやはり、相場の変動を読むという博打《バクチ》を、借金を元手にするわけですから、非常にリスキーです。

お金があり余っていて、損しても大丈夫というならやってみてもよいですが、初心者の**あなたが勝負をする相手は、1秒の間に1万回もの回転売買をコンピューターでするようなプロ**の人たちです。そのことを覚えておいてください。

最後に、外貨建て投資信託ですが、これは、初心者はなるべくやめたほうがいいです。ここまで説明した外貨という為替のリスクと、投資信託のリスク。二重のリスクを負うからです。

まとめ

FXで実際の手持ちのお金以上のお金を動かすということは、借金をして運用しているということ。リスクが高く、相手は専門家。素人はやめておくべきです。

「金《きん》、純金積立」

金《きん》は値崩れしにくく、価値も上がっていると聞きます。とくに純金積立は堅実そう。資産を守るのであれば、有効なのでは。

私たちが手にしているお札や小銭、あるいは株などは、私たちの〝信頼〟をもとに１万円とか５００円とかの価値を持つのであって、実物自体は銅や紙などの安価な素材でできています。一方で金《きん》は、そのもの自体に価値があります。

金で資産運用というときによく耳にするのが、「月々３０００円程度で少しずつ買い、コツコツ積み立てて資産を築く」とうたう純金積立です。かつてよくテレビで流れていた、「純金積立コツコツ～♪」という軽快なフレーズが耳に残るＣＭを覚えている人も多いでしょう。

金は最初に述べたとおり、そのもの自体が価値を持つものなので、値崩れしにくいですし、信頼のおける財産のかたちではあります。

さらに、金は「有事のときの金買い」と言われるように、政治や経済が混乱したときには値が上がる傾向が見られ、世界中どこでも換金できます。掘り出せる量に限りがあると計算されていますから、円やドルなどの通貨のように、インフレになって価値が下がったり、国の信用が落ちて無価値同然になったりということもなさそうです。

このように、メリットが多そうな金について、「純金積立」によって、毎月、貯金の一部を金に換えていくことは、資産を守っていくのにぴったりのような気もします。でも、純金積立はお勧めしません。

おもな理由は二つあります。

一つは、値崩れしにくい商品であるとはいえ、金もやはり相場で価格が動くということ。

まず、「金相場」といって、金そのものの価格が毎日午前と午後の2回、ロンドン市場で決まり、日々変動します。さらに**取引は、米ドル建てで行われますから、「為替相場」も絡んでくる**のです。金相場がそれほど変わらないとしても、為替の動きの影響は受ける、ということです。

純金積立の買付には、「積立型投資信託」の項目で説明した「ドル・コスト平均法」が使われています。値が安かろうが高かろうが一定の額を買い続けるという、投資のセオリーに適っていないやり方です。

しかも、預貯金と違って金には利息がつきません。相場変動の差額で儲けるしかないなかでこの手法をとっているわけですから、貯金していればよいものをわざわざ純金積立にするメリットは感じません。

そしてやめたほうがいいもう一つの理由は、純金積立には、高い手数料がかかること。

取り扱う会社によっても異なりますが、純金積立の手数料はだいたい2・5％前後。1万円を積み立てるなら、毎月250円かかるという計算です。そのほか、

１０００～２０００円程度の年会費がかかることもあります。また、金の現物を引き出すときに手数料がかかったり、積立を休止する場合に「口座管理手数料」などといった名目の手数料を引かれたりすることも。

さらに、**金を売買するときに手数料がかかりますし、「物」として扱われるので消費税もかかります**。２０２１年3月25日の田中貴金属工業の場合、金のレートは、１ｇあたりの売値（あなたが買う価格）が６７２６円、買値（あなたが売る価格）が６６１７円。純金積立でもこのレートが使われますが、売値には手数料と消費税が、買値には手数料が、あらかじめ含まれていると考えてかまいません。

では、毎月1万円ずつを、1年間積み立てるとどうなるか、これらの数字をもとにざっくり計算してみましょう。実際には金のレートは変動していきますが、ここでは1年間同じだったとします。

毎月１万円ずつを１年間積み立てると、12万円になります。ここから毎月の手数料として２５０円が１年分引かれます。３０００円引かれて、積立金額は実質11万７０００円。１年間積み立てて、11万７０００円分の金を買うことができます。先ほどの金レートを見ると売値は１ｇあたり６７２６円ですから、約17・４ｇの金が手元にあるということです。

さて、この金を現金化することにしましょう。買値のレートは６６１７円ですから、17・４ｇの金を買い取ってもらうと、約11万５０００円。なんと積み立てたはずの12万円から、５０００円も減っています。

あくまでも仮の計算ですが、11万５０００円から、さらに引き出し手数料を取られることもあると考えると、決して割りのいい商品ではないことがわかるはずです。

このように、純金積立はお勧めしませんが、最初にも述べたように、金には、将来的に価値が高まることはあっても、大幅に下落することは考えにくい一面もあります。頻繁に売り買いをしていては手数料によって手持ちの金額がどんどん削られていきますが、ある程度まとまった額を金に換えて、長いスパンで持っておくなら、「金はあり」ということです。

たとえば、純金積立の商品を買うより、金の延べ棒のような現物を買ったらどうでしょうか。余談になるかもしれませんが、もしあなたがネックレスを買うなら、ダイヤよりも金のネックレスにしたほうが財産になるかもしれません。買うときには50万円もしたダイヤは、売るとなると二束三文の可能性があり、火事にでも遭ったら燃えて消えてしまうだけです。

でも、金なら、熱でどろどろに溶けても、ちぎれても金は金。グラム数で取引できるので、ふだんはアクセサリーとして身につけて楽しみ、お金に困ることがあったら換金する、という考え方もできます。

金で投資するなら、金の投資信託や金ＥＴＦ（上場投資信託）も選択肢として考えられます。なぜかというと、金の投資信託や金ＥＴＦは、純金積立よりも毎月の手数料が安いからです。金額は証券会社や取扱会社によっても異なりますが、ネット証券の金ＥＴＦなら年に０・４％程度。

金ＥＴＦの場合は、金そのものを売買するわけではなく、言ってみれば数字上のやり取りなので、手数料はかなり安く済みます。会社によっては、ある程度の重さになった段階で現物の金に交換することも可能ですが、どの会社にも現物の裏付けがあるわけではないので、その点は注意が必要です。

まとめ

金自体は信頼のおける財産のかたちですが、利息はつかず、売り買いや、引き出す際の手数料は高め。
純金積立ではなく、まとまった額を金に換えて長期スパンで持っておくなら、資産にはなるかもしれません。

「i《イ》De《デ》Co《コ》」

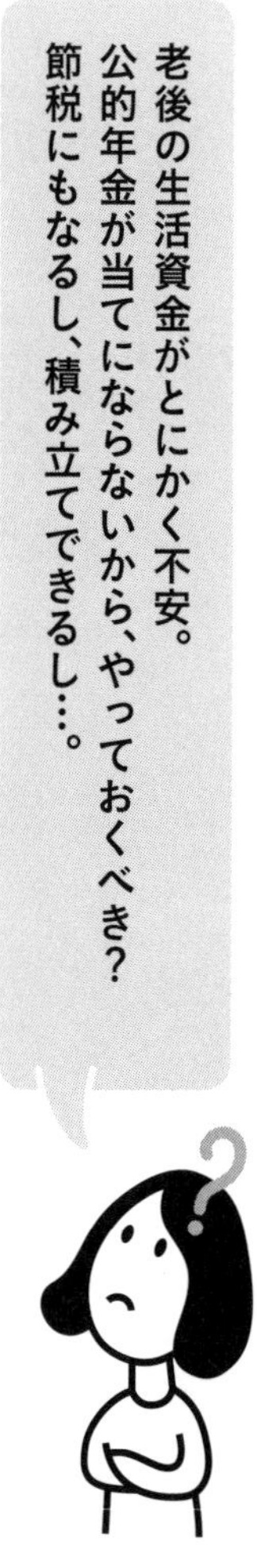

定年後も安心して暮らしていけるのか。

定年までに２０００万円の貯蓄が必要と言われたり、少子高齢化が進むなか、年金がどれだけもらえるかもはっきりとわからない時代に、誰もが共通して抱いている不安だと思います。

その不安を解決できるという名目で、いま金融機関が猛プッシュしている商品の一つが、個人型確定拠出年金の「ｉＤｅＣｏ」です。

いったいｉＤｅＣｏとはどのような商品なのか、本当にあなたの年金に対する不安を解消してくれるのか。その説明をする前に、ｉＤｅＣｏが日本の年金制度の中で、どのように位置づけられているのかを理解しておきましょう。

日本の年金制度は、いわゆる「３階建て」といわれ、下図のような構造になっています。

１階が、国民全員が加入する国民年金です。

２階は会社員や公務員が加入する厚生年金と、自営業者やフリーランスの人が任意で加入する国民年金基金。ここまでが、「公的年金」に該当します。

３階は、企業や団体が独自に運営し

年金の3階建て構造

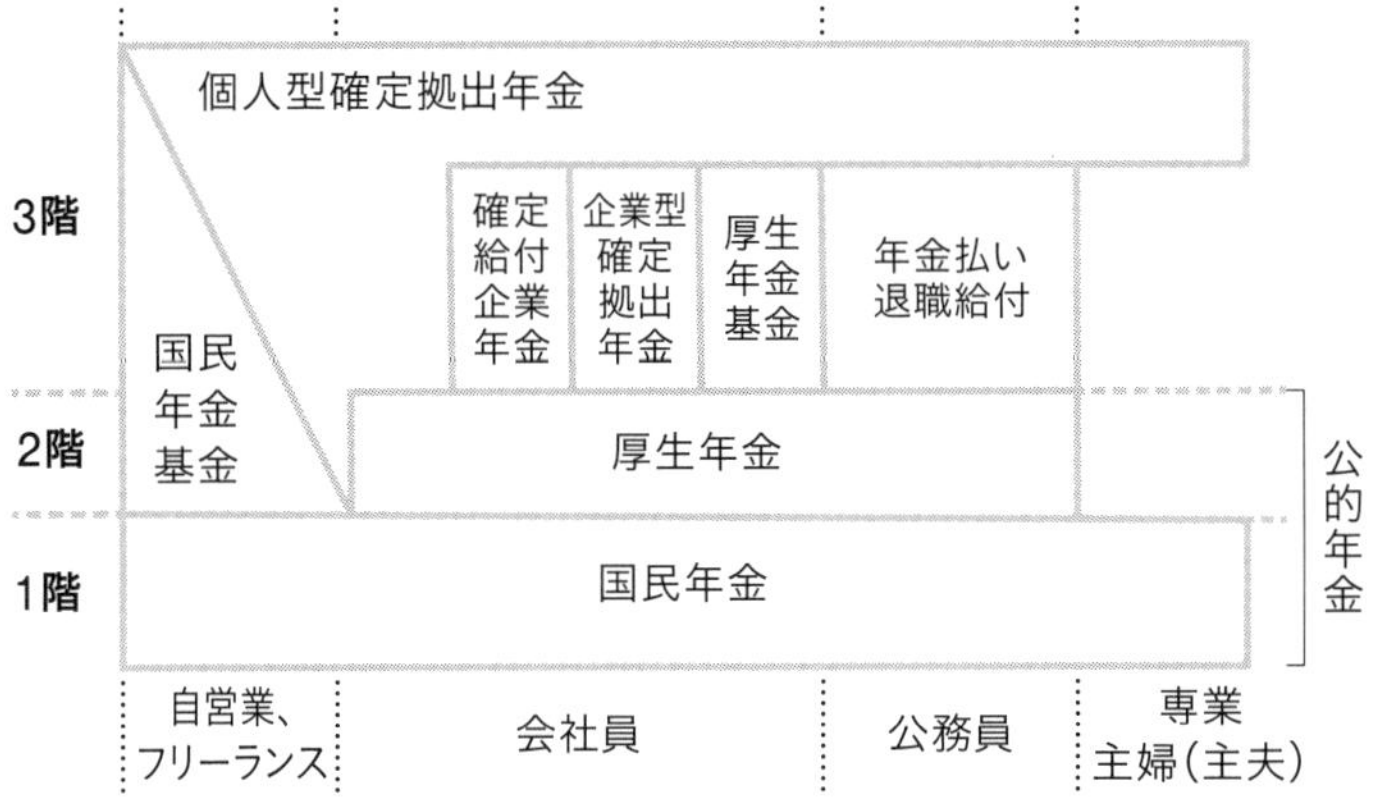

たり、個人が自由にプラスしたりという部分で、図の「個人型確定拠出年金」に、２０１６年の9月にｉＤｅＣｏという愛称がつけられました。

確定拠出年金（ＤＣ）とは、「日本版４０１Ｋ」と呼ばれる企業型確定拠出年金や、個人型確定拠出年金のことです。２０１７年までは、公務員と専業主婦（主夫）は加入することができませんでした。

その制限を取り払って公務員と専業主婦（主夫）も含め、誰でも加入できるようにしたのが２０１７年1月から。その際、個人型のほうを「ｉＤｅＣｏ」という愛称で大々的にアピールしたという経緯があります。

さて、そのｉＤｅＣｏについて、詳しく見ていくことにしましょう。

ｉＤｅＣｏは、自分で掛け金を出資して運用し、年金として積み立てていく金融商品です。具体的には、加入手続きをする金融機関を決め、その金融機関がラインナップしている運用商品（投資信託や定期預金など）の中から好きなものを選び、60歳になるまで運用するという流れです。運用商品は複数を組み合わせることもできますし、途中で変更することもできます。

そんな**ｉＤｅＣｏのいちばんのメリットとしてうたわれているのが、節税**です。毎月の掛け金全額に所得控除が適用されるだけでなく、運用で得た利益も非課税、年金（「老齢給付金」）を受け取るときも退職所得控除や公的年金等控除が受けられるという優遇措置があります。

積み立てて運用しながら老後の資産を作り、さらには節税もできるとなれば、魅力的に感じられて当然でしょう。金融庁のサイトにも「老後資金作りはｉＤｅＣｏをフル活用！」という記事が掲載されていますし、ラインナップされた商品は金融機関が選んだものですから、なんとなく信頼できそうです。

しかし、気持ちを落ち着けて考えてみましょう。

まず節税効果についてです。２０１７年から専業主婦（主夫）も加入できるようになったといいますが、そもそも専業主婦（主夫）、つまり**配偶者の扶養に入っている人には、節税というメリットはいっさいありません**。

では、一般的なサラリーマンはどうでしょうか。

一般的なサラリーマンに、節税が必要なほど税金を支払っている人はそう多くありません。

所得税や住民税には、医療費控除、住宅ローン控除、ふるさと納税に代表される寄附金控除など、さまざまな控除があります。こうした控除は広く知られていますし、利用している人も多いと思います。だいたいの人にとっては、これらを合わせて、すでに控除の枠いっぱいになっているのではないでしょうか。

次に、自営業の人はどうでしょう。厚生年金に加入していないぶん、より老後の資金繰りが不安なのはわかります。もちろん、事業がうまくいき、かなりの収入がある人なら、節税対策をしたほうがよいかもしれません。ただ、それでも私の答えは、「ｉＤｅＣｏはやめておきましょう」です。

その理由をひと言で言えば、**現金を持っておいたほうが安心**だからです。

もう少し、詳しく説明しましょう。

根拠は、ｉＤｅＣｏの仕組みにあります。これは、専業主婦（主夫）やサラリーマンにも関わることですので、しっかりとついてきてください。

一つめのデメリットは、原則として60歳になるまでは引き出せないことです。これが、先ほど「現金を持っておいたほうが安心」と言った理由でもあります。リーマン・ショックのような金融危機、東日本大震災のような大規模自然災害など、これから先も、社会にどのような変化が起こるかは、まったく予測がつきません。

新型コロナウイルスの流行でここまで社会の様相が変わってしまうことを、誰が予想したでしょう。その影響で、たとえば、多くの飲食店が経営面での打撃を受けました。創業２３０年という歴史を誇った老舗の料理店「川甚」をはじめ、多くの店が閉店や廃業に追い込まれたことは、記憶に新しいところです。

自営業者がこのような場面に遭遇したとき、預貯金だったらすぐに引き出すことができます。そして、なんとか危機をしのぐことができるかもしれません。しかし、**ｉＤｅＣｏにお金を入れてしまっていたら、そのお金があれば、持ちこたえられるかもしれない状況にあっても、60歳にならない限り引き出すことができない**のです。自分が積み立ててきたお金であるにもかかわらず、です。

こんなに不都合な資産があるでしょうか。

参考までにお伝えしておくと、60歳前に引き出せるという例外も、あるにはあります。加入者が病気やケガにより障害を負ったときには「障害年金」を受け取れるし、死亡したときには積み立てた金額を「死亡一時金」として遺族が受け取ることが可能です。

また、次に掲げる５つの要件をすべて満たしたときには、60歳前でもｉＤｅＣｏから脱退し、脱退一時金を受け取ることができます。

〈ｉＤｅＣｏの脱退一時金、受給要件〉

1. 国民年金の第１号被保険者のうち、国民年金保険料の全額免除または一部免除、もしくは納付猶予を受けている
2. 確定拠出年金の障害給付金の受給権者ではない
3. 通算拠出期間が5年以下、または個人別管理資産額が25万円以下であること
4. 企業型確定拠出年金またはｉＤｅＣｏの加入者の資格を喪失した日から2年を経過していないこと
5. 企業型確定拠出年金の資格喪失時に脱退一時金の支給を受けていないこと

おわかりいただけると思いますが、非常に厳しい要件です。現役世代で健康に働いている人で脱退一時金を受け取れる人は、まずいないと考えて差し支えないでしょう。**ｉＤｅＣｏに加入するなら「60歳までは引き出せない」という覚悟が必要**です。

二つめのデメリットは、資産が目減りしたり、元本割れしたりするリスクがあることです。この理由は2点あります。1点目は、ｉＤｅＣｏは、預かったお金を投資信託や定期預金などで運用するから。

ｉＤｅＣｏでは金融機関がラインナップした商品の中から好きな物を選びますが、そのほとんどは投資信託です。投資信託がリスクを抱える商品であることは、「投資信託」の項目で詳しく説明したとおりです。

では、リスクのない定期預金を選択した場合はどうなのでしょうか。微々たる利息とはいえ、増えていくはず……と思いきや、やはり、資産の目減りや元本割れのリスクはついてくるのです。どうしてかというと、これが理由の2点目になるのですが、**ｉＤｅＣｏでは、定期預金であっても、手数料などさまざまな経費**

がかかるからです。

　まず加入するときに２８２９円（税込）の手数料を支払わなければなりません。

　ｉＤｅＣｏの掛け金は、月額５０００円から１０００円単位で設定できますが、下の表のとおり限度額が決まっています。一例として、収入のない専業主婦（主夫）が限度額まで掛け金を設定して定期預金を選んだ場合どうなるのか計算してみましょう。

　掛け金の限度は月額２万３０００円ですから、年額で27万６０００円です。金利を０・００２％として計算すると、１年預けて利息は５円。**５円しか増え**

iDeCoの掛け金の上限

自営業者、フリーランス	月額6.8万円（年額81.6万円）
会社員（企業型確定拠出年金なし）	月額2.3万円（年額27.6万円）
会社員（企業型確定拠出年金加入）	月額2.0万円（年額24万円）
公務員、確定給付企業年金加入者	月額1.2万円（年額14.4万円）
専業主婦（主夫）	月額2.3万円（年額27.6万円）

ないのに、最初に２８２９円は払うことになるわけです。

じつは、かかる手数料はほかにもあります。毎月１７１円（税込）の事務手数料・資産管理手数料と、運営管理手数料です。運営管理手数料の金額は、どの金融機関を選ぶかによっても変わってくるのですが、有料の場合、おおむね年間で２０００円～７０００円程度。さらに給付を受けるときにも、４４０円の手数料がかかります。一括で受け取るなら**１回の支払いで済みますが、分割で受け取る場合は、その都度**です。

いくらリスクのない定期預金を選んだとしても、限度額いっぱいの掛け金で利息が年に5円では、手数料を支払って資産が減っていくことは明らか。運用リスクのある投資信託の場合はなおさらで、運用がうまくいっていなくても、たとえ収入のない専業主婦（主夫）でも、手数料だけは払い続けなければなりません。

途中で掛け金を下げたり、積立を一時休止したりといったこともできますが、資産が目減りするリスクは否めないのです。

そうであるなら、ｉＤｅＣｏの掛け金を、普通に貯金して積み立てて将来に備えたほうが、よほど堅実で安心といえるのではないでしょうか。

手数料がかかり資産が目減りする可能性が大きいこと、いざというときにお金を自由に動かすことができないこと、この２つがｉＤｅＣｏのデメリットです。

ただし、収入が高く、なおかつ将来にわたって安定した収入が見込める人、つまり公務員などであれば、節税対策になりますから、ｉＤｅＣｏを始めるメリットがあります。収入が不安定、将来が不安な人ほど、かえって手を出す意味はないと思います。

まとめ

ｉＤｅＣｏは、公務員など、ある程度の収入を将来的にも見込める人以外には、節税効果も薄く、不要。
自営業のように突然まとまった現金が必要になる可能性がある人は、ふつうに貯金したほうが○。

「NISA《ニーサ》」

初めて投資をやってみようと思います。ＮＩＳＡなら非課税でお得だし、額や期間に制限があるから、初心者にぴったり？

「投資に興味があるのですが、初心者で……」という人に、国や金融機関がこぞって勧めてくる商品が、ＮＩＳＡです。初心者向けということで盛んに宣伝されていますから、誰もがその存在ぐらいは知っているでしょう。

ＮＩＳＡは、正式には「少額投資非課税制度」といいます。種類は「ＮＩＳＡ（一般ＮＩＳＡ）」「つみたてＮＩＳＡ」「ジュニアＮＩＳＡ」の３つがあり、ざっくり言うと、**毎年、一定金額内で投資をして得た利益が非課税になる**という制度です。

２０１４年にＮＩＳＡの募集が始まり、２０１６年にジュニアＮＩＳＡ、続いて２０１８年につみたてＮＩＳＡの募集が始まりました。

まずは、いちばん最初に始まったＮＩＳＡ（一般ＮＩＳＡ）から説明していきましょう。

ＮＩＳＡの最大の売りは、紹介したとおり、投資で得た利益が非課税になることです。通常の投資では、得られた利益に20・３１５％の税金（所得税＋住民税＋復興特別所得税）がかけられるため、手に取るお金は80％を切ってしまいます。しかし、ＮＩＳＡの口座を開設し、限度枠内で運用して得た利益には、税金がかかりません。

たとえば、１００万円で買った株が１５０万円になれば50万円の利益です。通常であれば、50万円から20・３１５％分、つまり10万円強の税金が引かれるため、手取りは40万円弱になりますが、ＮＩＳＡなら、まるまる50万円が手元に残ります。この点だけ見たら、ＮＩＳＡはとてもありがたい制度と言えそうです。

しかし、忘れてはならないことがあります。**ＮＩＳＡの非課税措置には、5年という期限が設定されている**のです。

投資ですから、買った株の値が上がることもあれば下がることもあります。先の例のように、１００万円で買った株が１５０万円になることもありますが、その逆で、１００万円で買った株が50万円になってしまうこともあります。その場合、そこで売ってしまうと損なので、通常であればそのまま証券口座に置いておき、値が戻るまで粘って待つということができます。

ところが、ＮＩＳＡは非課税期間が最長で5年という期限つきなので、期限が来たら、たとえそのときに１００万円から50万円になってしまっていてもＮＩＳＡ口座から出さなくてはなりません。しかし、やはりそこで株を売ってしまっては損ですから、普通は、通常の証券口座に移して株価がまた値上がりするのを待つでしょう。ここで注意したいのが、この50万円の株は、**ＮＩＳＡ口座から一般口座に移した際、新たに50万円で取得したものという扱いになる**ことです。

たとえば、その後、株価がＮＩＳＡを始めたときの投資額である１００万円まで持ち直したとします。そこで株を売れば、１００万円で買った株を１００万円で売るのですから損はないように思えますが、ここに落とし穴があります。

ＮＩＳＡの非課税措置が期限を迎えると、**通常の証券口座に移した50万円分の株はそのときに取得した扱いになるので、課税対象になる**のです。

つまり、50万円が１００万円になったということで、50万円の利益が出たという扱いになるので、通常どおり、20・３１５％、金額にして10万円強の税金を引かれるということです。

１００万円の株が上下変動の末にまた１００万円に戻っただけですから、はじめからＮＩＳＡを利用せずに一般口座を利用していれば、当然税金も引かれず１００万円のままだったのに、ＮＩＳＡで始めてしまったばっかりに、**実質的な利益はゼロなのに税金だけを引かれて**、口座の額が約90万円になってしまう、ということがあり得るのです。こんな理不尽なことがあるでしょうか。

また、ＮＩＳＡには最長5年という期限のほか、年間の投資額が最大１２０万円まで、開設は１人１口座のみ、購入できるのはおもに「上場株式」「株式投資信託」「ＥＴＦ（上場投資信託）」「ＲＥＩＴ《リート》（不動産投資信託）」の４種という制約もあります。

さらに、「投資枠の未使用分は翌年に繰り越すことができない」「売却して空いた枠を再利用することはできない」「ほかの口座の金融商品をＮＩＳＡの口座に移すことはできない」「損が出たときに、ほかの口座と相殺する損益通算ができない」という取り決めも存在します。

これらの制約や取り決めについては、注意事項として金融庁のホームページにも記載されていますから、ＮＩＳＡを始めるのであれば、しっかり確認をしておきましょう。

なお、ＮＩＳＡの口座が開設できる期間は、２０２３年までとなっています。もしかしたら「もうすぐ開設できなくなりますよ！」などの誘い文句で気持ちをあおられることもあるかもしれませんが、惑わされずに慎重に判断してください。

また、金融機関によっては手数料を取られることもありますので、その点もご注意のほど。

まとめ

ＮＩＳＡの非課税措置は５年間。
期限後も株の保有を続ける場合、ＮＩＳＡの口座から普通の口座に移すかそこで売る必要があり、５年後の価格によっては、利益が生まれるどころか税金をとられることも。

「つみたてＮＩＳＡ、ジュニアＮＩＳＡ」

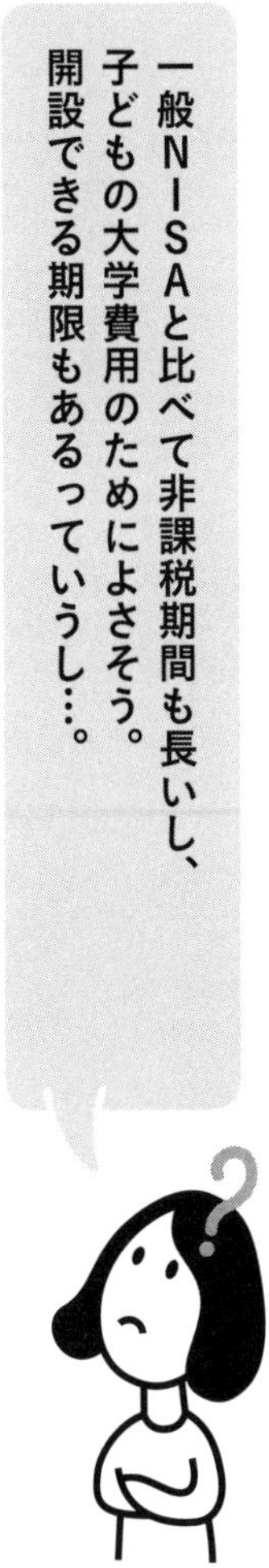

　次に、つみたてＮＩＳＡです。つみたてＮＩＳＡは、利益の非課税期間が最長20年で、購入方式は積み立て限定という商品です。20年も利益が非課税になると聞いたら「どんどんお金は増えるし、お得」と思ってしまうかもしれません。しかし、つみたてＮＩＳＡにも、一般ＮＩＳＡとはまた別の制約があります。まず年間投資の限度額ですが、一般ＮＩＳＡが１２０万円であるのに対して、つみたてＮＩＳＡは40万円までとなっています。さらに、選べる投資対象商品は、金融庁の基準をクリアした投資信託かＥＴＦのみ。

しかも、途中での対象商品の切り替えに難があります。売却して新しい商品を購入することはできますが、一度売却したらその枠の再利用は不可。しかも新たに購入することで年間の購入枠を減らしてしまいます。なので、基本的には、最初に購入した商品を持ち続けることになります。

20年という期間があれば確実に増えると本当に言えるのでしょうか。

今のように社会や経済が変化するスピードの速い時代にあっては、将来のことなど誰にも予測できないはずです。

つみたてNISAを、もう少し詳しく見てみましょう。

メリットについては、金融庁のホームページなどにもたくさん書かれているので、ここでは、注意したほうがいいデメリットについて見ていきたいと思います。

まず、一般NISAとつみたてNISAは、併用ができません。もし、NISAをしている人が、もっと長期的な投資をしたいと思ってつみたてNISAを選ぶときには、NISA口座から変更する必要があります。

ただ、一般ＮＩＳＡの非課税枠は年間１２０万円ですが、つみたてＮＩＳＡは40万円までなので、非課税枠が小さくなってしまうことになります。

また、ＮＩＳＡの場合には国内株式、外国株式、投資信託、ＥＴＦ、不動産投信など様々な商品で運用できますが、つみたてＮＩＳＡの場合には、国が指定した投資信託とＥＴＦのみになってしまうので、投資商品の幅はぐっと狭くなります。

自分が「この会社は将来有望だから、長期的な投資をしよう」と思っても、つみたてＮＩＳＡでその株を買うということはできないのです。

さらに、つみたてＮＩＳＡは、投資ではありますが、たとえば「今、安くなっている投資商品をたくさん買っておこう」と思っても、一括投資というのができません。購入できる銘柄が決まっているということと、限度額が年間40万円と決められているからです。

また、毎月決まった額を買っていくのも、投資としてよい方法か疑問です。

投資で儲けるためにはタイミングが大切で、価格が下がったときにたくさん買って、価格が上がったら買うのを控えることで、儲かる確率は高くなるからです。

また、これは、つみたてＮＩＳＡだけでなく通常のＮＩＳＡにもいえることで、ちょっと難しいかもしれませんが「損益通算」や「繰越控除《くりこしこうじょ》」ができません。「損益通算」とは、一定期間での利益と損失を相殺すること。

たとえばＡ投資信託とＢ投資信託の２つを持っていて、Ａは儲かっているけれど、Ｂは損をしているとします。普通の証券口座では、Ａの儲けからＢの損を引くことができるので、儲けが減り、支払わなくてはならない税金も減ります。けれど、普通の証券口座にあるＡが儲かっていて、ＮＩＳＡ口座にあるＢが損をしていても、Ａの儲けからＢの損を引くことはできないのです。

また、「繰越控除」とは、たくさん損を出したときに、その損を翌年以降に繰り越せる制度です。

こうしたものも、ＮＩＳＡやつみたてＮＩＳＡでは使えません。

最後に、ジュニアＮＩＳＡは、子ども名義にして親権者が運用する証券口座です。上限額が毎年80万円であること以外は一般ＮＩＳＡとほぼ同じ内容ですが、子どもが18歳になるまでは引き出すことができません。投資である以上、目減りするリスクは避けられませんし、まとまったお金が必要ということになっても、18歳になるまで待たなければなりません。

口座を開設できるのは一般ＮＩＳＡ同様２０２３年までなので、「教育資金準備のためにも、ぜひ」と、勧められることもありそうです。

これは、つみたてＮＩＳＡにもいえることですが、教育費のような必要資金を投資に回してはいけません。

まとめ

一般ＮＩＳＡと比べて非課税期間は長いものの、投資額の上限は低く、対象商品の切り替えにも難があります。ジュニアＮＩＳＡに至っては制約も多く、貯金であれば自由に使えるお金を、長期間引き出すことができません。

「不動産投資」

転売できるし、家賃収入が得られて資産としても残せる。節税対策にもなって、失敗がないのでは？

不動産投資にもいくつかのパターンがありますが、よく見かけるのが「投資用のマンションを購入してオーナーになり、家賃収入を得ましょう」というもの。

募集広告には、

「自己資金がなくてもローンで購入、安定した家賃収入でラクラク返済しながら大きな資産が作れる」

「老後も家賃収入があれば年金代わりになって安心」

「節税対策にもってこい」

などのフレーズがおどっています。

こういった誘い文句が「まったくのウソ」とまでは言いませんが、言葉どおりに資産が作れることも年金代わりになることも、まずないと言っていいでしょう。ヘタをすると、**手元に残るのは返しきれないローンと、借り手も買い手もつかないお荷物物件だけ**ということになりかねません。

私は30年も前から「マンション投資はやらないほうがいい」と言い続けてきました。いまも変わらず、さらにその思いを強くしています。

理由として、昨今の日本の状況を振り返ることから始めてみましょう。

まずは働き方です。最近の大きな動きに、新型コロナウイルスの感染拡大によるリモートワークの推進があります。

都心のマンションの家賃が高額でも借り手がついたのは、そこに住んだほうが通勤に便利だったから。でも、リモートワークならどこに住んでいても仕事ができるので、家賃の高い都心に住む必要などありません。
リモートワークは、今後も進んでいくはずです。現に、人材派遣大手のパソナグループが本社機能の一部を兵庫県淡路島に移転するなど、東京都から離れる企業は増加傾向にあり、今後、東京都の人口は減少していくと予測されています。

また、日本全体で見れば、少子高齢化の時代です。大雑把な計算ではありますが、一人っ子と一人っ子が結婚した場合、単純に家が一つ余ることになります。総務省の「平成30年住宅・土地統計調査結果」によると、２０１８年の空き家率は13・６％で過去最高を記録、いまは東京でも10軒に１軒は空き家という状況です。地方に行くとその比率はさらに高くなり、このまま何も対策を打たなければ、２０３３年には空き家率が30・４％を超えるだろうと、野村総合研究所が試算しています。

東京ですら家が余っていて人口も減っていくという状況では、マンションのオーナーになったところで、借り手を見つけるのはかなり難しくなるでしょう。よほど人気のある都心の一等地なら、借り手も見つかり、高く転売できるかもしれません。でも、そんな物件が手を出せるような価格かどうか……。

不動産投資をしないほうがいいという理由は他にもあります。**不動産には、「老朽化」という他の投資商品にはないリスクがある**からです。

不動産は、変動する土地代を除けば、〝買った瞬間がいちばん価値が高い〟という商品です。海外の物件の中には、年数を経て価値が高まるものもありますが、日本の物件、それも投資用マンションなどは、そうはならない可能性が大。

30年ローンを組み１０００万円で買ったとしても、次の年は９５０万円、その次の年は９００万円と、どんどん値が下がっていくのが普通です。30年後、手元にあるのは価値のないボロ家。ローンが残っていたり年金生活をしていたりしたら、メンテナンスやリフォームすらできず、当然、借りてくれる人もいないでしょう。

株や金《きん》、通貨などの投資商品の場合は、下がることもありますが、上がることもあります。たとえば株なら、値が下がったとしても、その会社が存続する限り無価値になることはありません。30年のうちには配当が出ることもあるでしょうし、株主優待が受けられることもあるでしょう。買ったときより大きく値が上がれば、それこそ儲けものです。

　ここからは少し細かい話になるので、「やっぱり不動産投資が気になる」という人だけ読んでください。

　自己資金ゼロで１０００万円のローンを組み、都心に１ＤＫの投資用マンションを購入したとします。家賃は、周辺の物件と比較して妥当な８万３０００円に設定しました。

　これなら1年で99万６０００円の家賃収入ですから、約１００万円。10年経てば約１０００万円になりますから、ローンも返済でき、その後は家賃収入で悠々と生活していける……と思えますが、そうはなりません。

　なぜなら不動産投資は、表には見えにくいお金がかなりかかるからです。

　一つはローンの利息。金利は金融機関によって異なりますが、**投資用マンションの場合は通常の住宅ローンよりも若干高めで2〜4%**ほど。某銀行のサイトで返済額をシミュレーションしてみると、１０００万円を金利３・５％、ボーナス返済なしの30年ローンとした場合、月々の返済額は約４万４９００円と出ました。家賃８万３０００円で返済４万４９００円なら余裕と言いたいところですが、返済額に年数をかけると、トータル約１６２０万円。借りたのが１０００万円ですから、利息分がなんと６２０万円もついています。

家賃８万３０００円をまるまるローン返済に充てたとしても、10年では返しきれない計算です。

しかもマンションを購入すると、不動産取得税、登録免許税などの諸経費が約80万円かかるほか、借りてもらうためにエアコンや電子レンジ、食洗機などを整備しなければなりません。最低でも50万円程度は見積もる必要があるでしょう。

さらにマンションの管理には、団体信用生命保険料、火災保険料、管理費、修繕積立金などの支払いも発生しますし、家賃の徴収を不動産業者に代行してもらった場合、家賃の５％程度をもっていかれます。据え付けた家電製品が壊れたり水回りに不具合が生じたりといったトラブルがあればマンションオーナーが対処しなければなりませんし、住む人が変わるときにはクリーニングやリフォームをしないと、次の借り手がつきません。

そして、**そこまでしても不動産は劣化していきます**。最初は８万３０００円で借り手がついても、何年か経つと家賃を下げなければ借り手がつかない可能性は十分にあり、**借り手がつかなければ、当然のこととして家賃収入を得ることはできません**。それでもローンや管理にかかる費用は払わなければなりませんから、最悪の場合は持ち出しということに……。

このように計算してみると、いかに不動産投資が儲からないものかおわかりいただけるのではないでしょうか。

「だったら、ある程度の家賃収入を得たところでマンションを売ってしまえばいいのでは？」と考える人もいるかもしれません。

しかし、地価も家屋の価値も下がり続けている現状では、よほど立地がよくない限り、１０００万円で買った１ＤＫの投資用マンションの10年後の価値など、せいぜい５００万円がいいところでしょう。

利息込みのローンや管理費用、クリーニング代などを考えに入れると、５００

万円で売れてもローンが残る確率は高く、売れなければ、ローンと古びて価値のない物件が残るだけです。

これでも不動産投資をしてみたいと、思いますか？

「節税」という面については、ｉＤｅＣｏのところでも書きましたが、そもそも血眼になって節税しなければならないほど、税金を払っているでしょうか。

甘い言葉におどらされず、まずはしっかり損得勘定をして判断すること。それができないなら、「資産にならない、儲けにならない、節税できない」そんな不動産投資などには手を出さないことです。

まとめ

不動産は、時間とともに価値が下がり続けていく商品。管理・維持費もかかります。

節税対策といっても、そもそも控除の枠が有り余るほど納税しているのでしょうか。

「個人向け国債《こくさい》」

個人向け国債は元本割れしないし、キャンペーン中だからおトクだと勧められたけど…。損をしないならやってみようかな。

国債とは国（財務省）が発行する債券で、債券とは、いわばお金を借りたときに発行する借用証書のようなもの。つまり「国債を買う」というのは「国にお金を貸して、その証拠として借用証書を受け取る」ということで、それを個人単位で手軽にできるようにしたのが「個人向け国債」です。元本が保証されているので元本割れの心配がなく、利息は半年ごとにつきます。

毎月発行されている個人向け国債のタイプは3つ。発行時の金利で最後まで運用する「固定3年」「固定5年」と、半年ごとに金利が変動する「変動10年」です。２０２１年3月28日時点で年０・０５％の最低金利が保証されていて、最低1万円から始めることができます。また、固定3年と固定5年は金利が変わらないため、最終的な投資結果がいくらになるのかもあらかじめ知ることができます。

０・０５％の金利ということは、１００万円の債券を買った場合、税引き前の利息が５００円です。定期預金の場合、メガバンクの金利は現在０・００２％ですから、税引き前の利息はわずか20円。この比較でいえば、預金するより個人向け国債を買うほうがトクをします。


しかし、個人向け国債にも注意したいことはあります。それは、発行後1年が経つまでは基本的には換金できないこと。中途換金できるのは、保有者本人が死亡したり、災害救助法の適用対象となる大きな自然災害の被害を受けたりといったアクシデントが生じた場合のみ。金融機関によっては、個人向け国債を担保にした借り入れもできますが、それは借金と同じです。

子どもの大学の入学手続きで明日までに１００万円が必要など、急にお金が必要になったときに、個人向け国債は融通がききません。だったら利息は少なくても、すぐに解約できる預貯金のほうが、自由度が高く便利であるという考え方もできます。

その点を考慮して、「買ってみたかったら買ってもいいのでは」というところでしょうか。

ただ、買うときにも気をつけてください。特に、おトクだと勧められる、「キャッシュバック」「現金プレゼント」とうたうキャンペーン。喜んで飛びつくと、金融機関のカモにされかねません。

どういうことかというと、個人向け国債は、財務省が発行し、手数料を支払って銀行や証券会社に販売してもらう商品です。だから、どの金融機関も利率は同じで、財務省が支払う手数料が変わるわけでもありません。ということは、キャッシュバックやプレゼントなどしたら、その金融機関は損をするはず。

ところが実際にそのようなキャンペーンは大々的に行われ、派手に宣伝されています。例として、大和証券で、対象期間中（２０２１年3月4日～3月31日）に個人向け国債を購入した人を対象に展開された「現金プレゼントキャンペーン」について見てみましょう。対象商品は10年債と5年債の二つとなっています。国債の購入金額が１００万円以上２００万円未満の場合、10年債、５年債ともに１０００円がプレゼントされます。２００万円以上３００万円未満なら２０００円。購入金額が上がるごとにプレゼント金額も少しずつ増え、１０００万円なら10年債は1万４０００円、５年債は1万１０００円、1億円で10年債は14万円、5年債は11万円のプレゼントです。

ではなぜ、このような個人向け国債のキャンペーンをしているのでしょうか。じつは、個人向け国債のキャンペーンを実施している金融機関のほとんどは、証券会社なのです。**その目的は、その人の資産状況を把握すること**。

証券会社でなく銀行であれば、預金口座を確認すればその人がお金持ちかどうかすぐにわかります。口座残高を見て、投資やローンを勧めて稼ぐことができるわけです。

しかし証券会社には、資産状況を把握できるだけの情報がありません。すでに投資を始めていて証券会社に口座を持っている人ならある程度はわかりますが、

〝まだ投資経験のないお金持ち〟の存在がつかめない――。

そこで、キャンペーンです。投資をしたことのない人でも始めやすくリスクのない個人向け国債にキャンペーンをつけて、お金のある人を引き寄せようというのでしょう。個人向け国債の購入をきっかけにその人の資産状況をつかんだら、次は証券会社にとっておいしい投資商品へと誘導するという流れなのです。

まとめ

個人向け国債は、そこまでリスクは大きくありませんが、預金のほうが融通がきくので、やる必要も感じません。証券会社にとって、他の商品を契約してくれる顧客探しの面もあるので、キャンペーンに飛びつくなら、それを知ったうえで。

「暗号資産（仮想通貨）、商品先物《さきもの》取引」

**仮想通貨や商品先物取引で大儲けをした知り合いがいます。
その額を聞くとやらないと損な気も…。
思いきってこの波に乗るべき？**

暗号資産と呼ばれるようになった仮想通貨ですが、これははっきり言って投資ではなく「投機」です。

投資は、ある程度の期間を視野に入れて資金を投じること、投機は「機に投じる」と書くとおり、激しく動く相場を見て安くなった瞬間に買い、高くなったタイミングで売ることを繰り返して儲けを得ようとする行為。いわば、博打です。こんな行為で資産形成をしようなどとは、ゆめゆめ考えてはなりません。

なぜなら、仮想通貨として広く知られているビットコインもそうですが、値幅の動きがメチャクチャに大きいから。あまりにも値幅の変動が大きすぎるものは、信頼性が低く、通貨には代わりえないのです。

もちろん円やドルも為替相場で多少は値が動きますが、それでも**商売に使えているのは、供給量が多いことと、日本なら日本、アメリカならアメリカが発行しているという裏づけがあるからです**。だから安定して商売にも使われていますが、ビットコインのように値幅の動きが大きすぎるものを商売に使ったらどうなるでしょうか。

ビットコインの価格変動を見てみると、２０２０年の1年間だけでも、1月1日は1ビットコインが78万円でしたが、２月13日には１１２万円に上昇し、その翌月の３月13日には60万円台へと下落しています。これだけ不安定なのです。

たとえばあなたの給料が仮想通貨で支払われたらどうなるでしょうか。

仮に毎月20○△コインの給料と定められたとして、そのときの○△コインの相場によって、最初の月は円にして20万円分、翌月は6万円分、その次は27万円分、次は5万円分などということもあるのです。こんな給料のもらい方では、生活できません。だから、仮想通貨は「投機」なんです。

暗号資産に手を出すなら博打だと考え、値動きを楽しむぐらいの気持ちで。お金に余裕があって少しくらい失ってもいいというのなら、やってみてもいいかもしれません。何でもやってみて、ヤケドをするのもいい経験でしょう。そうすれば、投資や投機のなんたるかや、怖さも身にしみてわかるはずです。

商品先物取引も、暗号資産と同じく素人には「投機」です。

商品先物取引は、将来の一定の日に、ある商品を売買する契約をして、その価格を今の時点で決めて取引をすることですが、どうやってそんな先の時勢を読むのでしょうか。それこそリスクが大きすぎる博打で、素人が手を出すようなものではありません。

ギャンブルが大好きで、お金があり余っているというのなら、やってみたらいいでしょう。暗号資産同様、ヤケドもいい経験です。
でも、実際あなたのお金は、あり余っていますか？　余裕のある生活を送っていますか？　そうでないなら、やめておくに限ります。

まとめ

暗号資産（仮想通貨）はあまりに価値の変動幅が大きく、いまだ普通の通貨にはなり得ない資産。「大儲けか大損か」という世界なので、家計や資産運用のレベルで考えてはいけません。商品先物取引も同様です。

要注意ワード

「ほったらかしでOK！」

「ほったらかしで資産形成できる」なんていう言葉に惹かれるような人は、投資などするべきではありません。投資というのは、機を見て安いときに買い、高いときに売るもので、市場の動向を注視し続けることが前提の行為です。まして、コンピューターで、1秒間に1万回もの回転売買をするような人たちが相手の世界。ほったらかしにしていて儲かるわけありません。

ほったらかしにするということは、金融機関や証券会社に資産を任せきりにするということ。当然、それなりの手数料や管理料を取られます。

相手にとっては、顧客がほったらかしにしてくれることほど、都合のいいことはありません。投資額が目減りしようと株価が暴落しようと、確認もせずにお金を入れ続けてくれるわけですから。

たとえば定期預金なら、ほったらかしておいても減ることはありません。一方で、投資に関しては、放っておけば、増えないどころかお金は減っていく可能性もあるということを忘れないでください。お金の動きをいつも見てはいられないという人は、投資からは手を引くべきです。

要注意ワード

「特別な高金利商品です」

今の時代、１％以上の金利がつく商品には何かしらのカラクリがあると考えたほうがよいでしょう。そして、３％以上だったら、インチキだと思ってかまいません。必ずなにかウラがあります。

なぜなら、いまの金融機関の運用状況を見ればわかりますが、大手の金融機関ですら３％の運用利回りを出すのは至難のワザです。そんななかで顧客相手に３％も利息をつけるわけにはいきません。

金利１％の場合、そのカラクリの一つが、セット販売です。投資信託などをセットにして定期預金の金利を１％にする。

あるいは、ふたを開けてみたら金利１％は１か月ものの定期預金で、その後は0.01％になったりするものもあります。つまり金利１％はウソではないけど、カラクリがあるわけです。

さらに投資信託がセットの場合は、買うときと、その後ずっと、手数料がかかります。

金利４％以上だったら明らかに詐欺なので、完全無視。詐欺以外にそんな利回りを出せるものは、今はありません。

要注意ワード

「初心者でも大丈夫！」

「初心者向け」と勧められる場合、その多くは、おそらく投資信託だと思います。

繰り返しになりますが、投資信託では、買った人が株価変動のリスクを負います。一方、金融機関にとってはまったくリスクはなく、手数料も稼ぐことができるのです。

通常の預貯金は、金融機関にとっては利息をつけて返さなければならないというリスクが生じます。だから、あの手この手でリスクを顧客側に移し、手数料も得られる商品へと誘導しようというわけです。

「投資経験がない」と言えば、「投資信託なら、プロのファンドマネージャーに運用を任せられるから、初心者でも大丈夫」と返ってきます。

「それなら……」と投資信託を購入してみたものの、元本は減るばかり――。このような状況でも、金融機関は一つも困りません。それどころか「こんなに減ってしまっては損だから、元の価格に戻るまで待ちましょう」と言うでしょう。その人が投資信託商品を握りしめている限り、信託報酬という手数料を得ることができるからです。

要注意ワード

「長期運用だから安心です」

「長期的に計画を立てて運用するので、リスクが低く、運用成績もよくなる」と、よく耳にします。いかにも、堅実に家計を守りたいタイプの人が思わず引き込まれそうな誘い文句です。しかし、いったい誰に未来のことなどわかるというのでしょうか。特に現代のように変化のスピードが速いときには、1年先の社会がどうなっているかすら予測できません。

また、「長期的な視点」というのは、とかく売る側の逃げ口上として使われがちです。投資商品の値が暴落したとしても、「これは長期投資の商品ですから、長い目で見ていきましょう」という弁明ができます。そうして一度は引き下がったものの、その後数年たっても値が戻らない。そこでもう一度問い合わせようとしたときには、すでに担当者も変わっていることでしょう。

多くの人が買っている「投資信託」の運用はファンドマネージャーが担当します。ただ、その多くは「雇われ」で、3か月、長くても半年で運用実績を出すことが求められています。そんな状態で仕事をしている人に、何年も先を見据えた長期的な運用などできるのでしょうか。甚だ疑問に思います。

要注意ワード

「分散投資でリスク回避」

資産を様々なかたちに変えて分散して持っておけば、どれか一つが値崩れしても、全部は失わないから安心、という理屈です。そもそもこれは分散するほどお金に余裕がある人だけが考えるべき話です。

たとえばユニクロを展開するファーストリテイリングは、最小購入株数が100株ですが、100株買うのに必要な投資金額は893万4000円（2021年4月27日時点）です。100万円の資金があったとして、それを分散しようにも、一つの銘柄の株すら買えないわけです。なので、分散投資といわれる場合、必然的に投資信託を勧められますが、投資信託のリスクについては、説明したとおりです。

分散投資についての説明でよく使われるのが、卵のたとえ話です。

卵を一つのカゴに入れておくと、そのカゴが落ちたときには全部割れてしまうけれど、いくつものカゴに分けて入れておけば、落ちるカゴがあっても残るカゴもあるから、全部の卵が割れることはないという理屈。

しかし、リーマン・ショック級の出来事が起これば、すべてのカゴが落ちる可能性もあります。私がいつも言っているのは、「一番強いのは、卵を落ちても割れないゆで卵にすること」。つまり、現金にして貯金しておくことです。

2章

保険で
資産運用は
するな！

「保険」とは
まずは公的保険を使いこなせ

「ただ貯金をしているだけではいけない。保険で資産運用を」といううたい文句を、よく耳にします。よく考えてみればこれもおかしな話で、「複数人からお金を集めておき、何か損害を被った人がまとまったお金を受け取る」というのが保険の基本的な構図のはずで、運用とはまったく関係がないはずです。

しかし現実には、「まとまったお金を運用によって増やすなら、預貯金より利回りがいい」と資産運用目的の保険を勧められ、加入する人が多くいます。

その一方で、「保険」という言葉の安心感は、堅実派の人の耳にはとても馴染みがよく、他の投資商品と比べて始める（加入する）ハードルが低いようで、投資はやっていないけど、保険だけはいくつも加入しているという人もよく見かけます。

まず初めに、大前提として言っておきたいのは、**保険は言葉のとおり保険としてのみ加入するべきであって、資産運用の手段にするべきではない**ということです。

世の中には本当に多様な保険商品があり、どう選べばよいかわからなくなりそうですが、この原則さえ覚えておけば、目を向けるべき保険商品は数えるほどしかなくなります。

生命保険について言えば、基本的に、保険で保障されるものは二つしかありません。一つは、死んだときにお金が出る**「死亡保障」**、もう一つは、病気やケガで治療するときにお金が出る**「入院（通院）保障」**です。

これ以外に「貯蓄型」と言われる保険もあり、資産運用を考える場合はこのような商品が対象になるのでしょうが、保険は、**保障内容に該当する場合はお金をもらえ、該当しない場合はお金が返ってこないという「掛け捨て」のものに入るべき**です。

なぜ保険で資産運用をすべきでないかについてはこの章で順を追って説明していくとして、資産運用としてではなく、「もしものときのため」に、言葉どおりの意味で保険に加入したいという人には、もう一つお伝えしたいことがあります。それは、あなたはすでに、**公的保険という日本で最強の保険に加入している**ということです。会社員なら「厚生年金保険」「健康保険」「雇用保険」といった保険料が毎月、給料から天引きされています。自営業の人なら、「国民健康保険」「国民年金」などに加入して、ご自身で納付しているはず。40歳以上になると「介護保険」も加わりますから、トータルするとけっこうな額を払っているのです。

それなのに、みなさん、ちっとも公的保険を使いこなしていません。**公的保険の保障がたくさんあるのに、それを使わずに、高いお金を払って民間の生命保険に加入するという不合理なことをしている**わけです。

「就業不能保険」「収入保障保険」などの民間の生命保険の商品名を見て、「もし働けなくなったら…」「もし収入が途絶えたら…」とパニックになって保険に入りまくってはいけません。まずは公的保険でできることを知り、民間の生命保険を検討するのは、その後です。

支払った保険料を使いこなす

会社員の方は、ぜひ**自分の給与明細を確認**してください。少なくない公的保険料を支払っているのがわかるはずです。普段、給料の手取り金額を見て、「ずいぶん保険料が引かれてるなあ……」と感じている人も多いでしょう。公的保険については、「たくさん払っている」という実感を持ちながら、なぜかそれを利用しようというところに考えが及ばない人がけっこういるのです。

しかも、会社員なら自分が払っている保険料はじつは総額の半分で、もう半分は会社が負担してくれていますから、トータルの保険料は、かなりの額になります。それだけの保険料を払っているからこそ、手厚い保障が用意されているのです。だったら、使わない手はありません。

公的保険を使いこなして無駄な民間保険を解約すれば、いままで毎月3万円の民間保険料を払っていた人が、５０００円で済むようになるかもしれません。そうしたら、浮いた2万５０００円は貯金に回せます。

毎月2万5000円の貯金を続けたら、1年で30万円、10年で300万円に。いまあなたが30歳と仮定して、60歳になる頃には、その30年の間に1000万円近い貯金ができるという計算です。

まずは公的保険を使い、それで足りない分を民間の生命保険でカバーする。これが保険の基本的な考え方です。

「死亡した場合（公的保険）」

もしもこの先自分が死んだら、残された家族が生きていけるのか不安です。生命保険だけは、しっかりしたものに入りたい！

ここからは、公的保険でどのような保障が受けられるのか、具体的に説明していきましょう。

まず、公的保険の中から、「年金保険」について見てみます。

年金保険には、「老齢年金」「遺族年金」「障害年金」の３つの機能が備わっていますが、ここでは「遺族年金」について解説します。ちなみに、「老齢年金」は65歳からもらえる老後の年金、「障害年金」は、病気やケガで働けなくなるほどの障害を負ったときにもらえる年金です（１３０ページ参照）。

たとえば、配偶者と幼い二人の子どもを残し、一家の大黒柱が病気で他界――、突然、このような事態に見舞われたら、残された家族は路頭に迷うことになってしまいます。

そうならないように、公的年金から支給されるのが遺族年金です。これは、**夫（妻）が亡くなっても、残された配偶者や子どもが困らずに生活できるようにするためのお金で、子どもが18歳になる年度の3月31日まで**もらえます。

具体的な金額は、亡くなった人が会社員だったのか自営業だったのか、つまり加入していた年金の種類やその加入年数によって変わりますが、サラリーマンや公務員が専業主婦（主夫）と子ども２人を残して他界した場合、毎月15万円前後の遺族年金が出ます。自営業者なら毎月10万円前後です。

月10万円だけで生活するのは厳しいかもしれませんが、配偶者がパートやアルバイトに出れば、月にもう10万円くらいだったら稼げそうです。そうすれば合計20万円。さらに亡くなった人が会社員なら、会社から死亡退職金が出る場合もあります。

つまり、遺族年金とこの死亡退職金を生活費に充て、そのうえで足りない分を民間の生命保険で補えばいいのです。

このとき、生活費以外で大きな支出として考えられるのは、住宅ローンと子どもの教育費です。

しかし住宅ローンは、ローンを組むときに、ほとんどの人が団体信用生命保険に加入します。これは、契約者が死亡したときに、残りの住宅ローンを弁済してもらえる保険です。住宅ローンの残高がゼロになるので、返済の必要がなくなります。

となると、考えるべきは子どもの教育費です。子どもを大学まで行かせる場合、一人あたり１０００万円かかると言われています。二人なら２０００万円。つまり、**民間保険には、子ども一人あたり１０００万円を家族が受け取れる分だけの生命保険に入ればよい**わけです。その際は、手数料が安いインターネット保険に掛け捨てで入りましょう。この保険は学費を捻出するためのものですから、加入は子どもが学校を卒業して社会人になるまででいいということです。

まとめ

一家の働き手が死亡したとき、子どもの進学にかかる教育費を除けば、公的保険で家計をまかなえる家庭は多いでしょう。将来の教育費を見積もってみて、必要な額の保障分だけ民間保険に加入しましょう。

「病気やケガをした場合（公的保険）」

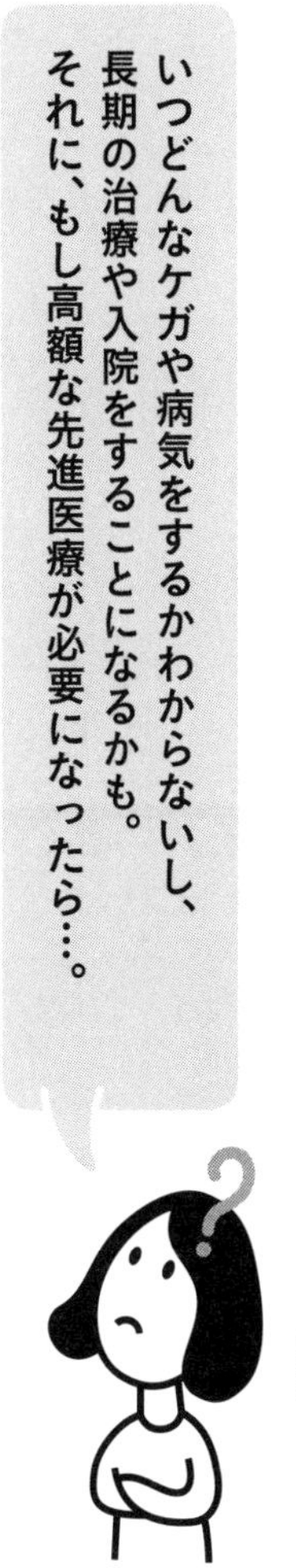

では、医療についてはどうなのでしょうか。死んでしまったときに公的保険からお金がもらえることはわかりましたが、病気やケガをすることもあります。入院や手術をするとなると相当なお金がかかるからと、民間の医療保険に入ってはいませんか？

しかし、日本の公的医療保険である**「健康保険」「国民健康保険」は、高額な医療費がかかっても負担が生じないように、とてもしっかりと作られています。**

まず、医療費の自己負担額。これは多くの人が知っていると思いますが、現役世代の場合、かかった医療費の３割を自分で負担すればいいことになっています。病気で通院して１万円の医療費がかかったら、窓口で支払うのは３０００円で済みます。

ではもし、入院と手術で１００万円の医療費がかかったらどうなるのでしょうか。自己負担は３割といっても、30万円。いきなりこの金額を払うのは、たしかに厳しいでしょう。

しかし公的な保険には、**「高額療養費制度」といって、月単位の支払額が一定額を超えたときには、その額以上**

70歳未満の高額療養費自己負担限度額

年収	ひと月の上限額
約1,160万円～	25万2,600円＋(医療費−84万2,000円)×1%
約770万～1,160万円	16万7,400円＋(医療費−55万8,000円)×1%
約370万～770万円	8万100円＋(医療費−26万7,000円)×1%
～約370万円	5万7,600円
住民税非課税	3万5,400円

★年収約370～770万円の人が、
月に100万円の医療費がかかった場合：
8万100円＋(100万−26万7,000円)×1%＝8万7,430円

は払わなくてもいいという上限が設定されているのです。上限の額は、収入や年齢によって変わります。

たとえば、年収約３７０～７７０万円に該当する人が、月に１００万円の医療費がかかったとします。３割負担で計算すると月の支払いは30万円になりますが、高額療養費の自己負担限度額の式に当てはめると、前ページの表の★のようになります。

１００万円の医療が、約９万円で受けられるということです。いったん窓口で30万円を支払っても、請求すれば差額の約21万円を払い戻せるのです。最近では、あらかじめ手続きをすることで、最初から自己負担限度額だけを支払えばいいという病院も増えてきました。

もし年収が約３７０万円以下なら、高額療養費の自己負担限度額は月に５万７６００円です。これが上限なので、たとえ医療費が５００万円かかったとしても５万７６００円。また、もし住民税非課税の人であればさらに安く、上限は３万５４００円です。

さらに、**入院や治療が長期になると、高額療養費の上限が下がります。**先の計算では８万７４３０円が限度額だった年収３７０～７７０万円の人の場合、制度の規定によって、直近12か月間に３回以上高額療養費が支給されていれば、４回目以降は上限が４万４４００円に下がります。

入院や高額の外来治療が長期になると医療費がどれだけかかるか心配になりますが、じつはこういった制度によって、金銭的な負担からある程度守られているのです。

しかも、同じ健康保険に加入している家族であれば、家族全員の医療費を合算して適用することもできます。夫が会社員、妻は専業主婦、子どもが一人という場合、妻と子どもは扶養家族として同じ健康保険に加入していますから、それぞれの医療費を合計して月に１００万円となったら、支払いは８万７４３０円で済むということです（夫の年収が約３７０万～７７０万円の場合）。住む家が違っていても、家族として暮らし、加入している保険が同じ世帯であれば適用されます。ただし、家族でも別の保険に加入している場合は、世帯合算は使えません。

また、病院でかかったあらゆる費用に公的な保険が適用されるわけではないので、その点は覚えておいてください。

たとえば、入院したときの食事代や病室のタイプによる差額ベッド代、消耗品代などは適用外です。先進医療の技術料も適用外、日常生活には支障がないと考えられる美容整形の類も適用外になります。

とはいえ、これらもよく考えれば心配するほどのことではありません。

入院中の食事代の標準負担額は、１食につき４６０円です。食事はふだんも食べるわけですから、入院して余分な費用がかかるというわけではありません。むしろワンコインでお釣りがくるなら、安いくらいです。消耗品も、普段の生活でも変わらず使うようなものも多いでしょう。

差額ベッド代は、個室ではなく大部屋でよしとすれば不要です。**入院時に病室の空きがなかった場合、つまり病院側の都合で個室に入ったという場合は、差額ベッド代を請求されることはありません。**

では、先進医療の技術料はどうでしょうか。

保険適用の医療では治療が難しく、保険適用外の最先端の医療技術なら治る可能性があるという場合、受けるかもしれないと考える人も多いでしょう。でも、高額な医療費を自己負担するのはムリ——と悩む前に、「先進医療」がどのようなものかを知っておけば、それほど恐れるものではないことがわかります。もし**「先進医療」が保険適用の医療の上をいく優れた医療と考えているのだとしたら、それはちょっと違います。**

先進医療は、新しく、効果はありそうだが、まだ広くみんなが使えそうにない治療法などのことを指すもので、安全性などの評価が定まって、どこの病院でも受けられるようになれば公的な保険の対象になります。

そのため、**「先進医療」も、安全性や効果が確認されるようになれば、やがて「先進医療」ではなくなり、公的な保険の対象になるということです。**

たとえば、白血病など血液のがんに使われてきた治療薬・キムリアは、かつては１回約３３４９万円もかかるものでしたが、２０１９年に健康保険適用となり、高額療養費制度も適用できるようになりました。

がんも含め、ほとんどの病気は公的な保険で対応できますし、高額療養費制度も整備されています。このことを知って使いこなせば、医療費の心配はほぼ無用なはずです。

まとめ

公的な保険の補助や控除を使えば、医療費が家計を破綻させるほどの額になることは基本的にありません。ほとんどの治療は公的な保険の対象で、1か月に支払う医療費の限度額も定められています。

「病気やケガで働けなくなった場合（公的保険）」

死亡しなくても、病気やケガで働けなくなったら、
やっぱり家族で路頭に迷ってしまう…。
給料に変わる保障は受けられる？

健康保険には、医療以外の保障もあります。

ケガや病気で会社を休まなければならなくなったときには、公務員や会社員なら健康保険などから**「傷病手当金」**をもらうことができます。ただし、国民健康保険には、残念ながら傷病手当金はありません。

傷病手当金は、「労災保険の給付対象外であること」「休んだ期間に給与の支払いがないこと」などいくつかの条件をクリアして、ケガや病気で連続3日以上休んだときに、4日目の休みから出るお金です。

具体的には、連続して休んだ最初の3日間は待機期間としてカウントされ、4日目以降からが支給対象となります。1日当たりの支給金額の計算式は「もらっている月給の額÷30×3分の2」。つまり、**給料の約3分の2がもらえる**ということです。

たとえば、30日間仕事を休んだ人の最初の月の支給対象は、待機期間の3日分を引いた27日分。経過が思わしくなく、さらに30日休んだ場合は、待機なしになるので、30日分がまるまる支給対象になります。

支給期間は、同じ傷病に対して、支給開始日から最長1年6か月。万が一、病状が回復していなくても、1年6か月が経ったら支給は終わりです。また、6か月休んだ後3か月出勤したものの病状が悪化して再び休みに入ったという場合、途中で出勤した3か月も1年6か月の中に含まれます（出勤し、給与が支払われた期間は、給付金は支給されません）。

うつ病などの精神的な疾患は長くかかるケースもありますが、たいていの病気やケガは1年6か月あれば回復できるでしょう。

では、長引きがちな精神的な疾患の治療途中に期限がきて、傷病手当が打ち切られてしまったらどうしたらいいのでしょうか。

その場合は、公的年金の**「障害年金」**がもらえるかもしれません。障害の認定を受ければ、お金をもらいながら治療が続けられます。障害年金は、失明や指の切断など身体的な障害のほか、精神的な障害もカバーしているからです。また障害年金は、自営業者が加入する国民年金でも受け取ることができます。

傷病手当金と民間の医療保険の違い

ここで、健康保険の傷病手当金と、民間の医療保険の入院給付金との違いを見てみましょう。いかに健康保険がすぐれた保障をしているかが、わかるはずです。

知っておきたい違いは、

①給付期間と条件
②給付金額
③民間保険にはない手当

の三つ。

まず、「①給付期間と条件」ですが、民間の医療保険の給付期間は、安いものだと30日、いまのところは最長でも１８０日ですから6か月までしかお金がもらえません。それに対して傷病手当金は最長で1年6か月です。日数換算で５４０日は安定してお金がもらえるわけですから、その差は歴然です。

さらに**傷病手当金は、入院していなくても仕事を休んでいればお金がもらえます**。一方、民間の医療保険は、基本的に入院していなければ支給されません。

なかには、入院していなくてもお金がもらえる「就業不能保険」「所得補償保険」といった保険もありますが、保険会社が定めた待機期間（6か月など）があるうえ、さらにその間に回復していないという医師の診断書の提出が義務づけられるなど、かなり厳しい条件をクリアしないと支給してもらえません。

しかも、**うつ病などの精神疾患は対象外とするケースが多い**ため、せっかくお金を払っていたのに使えないということも多いのです。

入院しなくても１日分の保険金が出る「日帰り入院」という保障もありますが、給付にはやはり医師の診断書が必要で、料金が２０００円から１万円かかります。もし診断書に５０００円かかったら、給付される金額と同じくらいでしょうから、意味がありません。


次の違いは、「②給付金額」です。健康保険の傷病手当金は、もらっていた給料をベースに計算します。だから給料が高い人ほど給付額も上がるのですが、民間の医療保険はそうはなりません。契約時に「入院１日につき５０００円」と条件を決めたら、もらえるのは、必ずその金額です。**傷病手当金であれば、月給30万円をもらっている人なら3分の2の20万円がもらえます**が、民間の医療保険の場合は、１日５０００円の保障なら、１か月で15万円です。入院することが受け取りの条件ですから、退院して自宅療養に移ったらもちろんゼロになります。これなら、給料がベースになっている傷病手当金のほうが、保障としてよほどすぐれていることがわかると思います。

また、健康保険や国民健康保険にあって、「③民間保険にはない手当て」の一つに、子どもが生まれるともらえる「出産育児一時金」があります。健康保険の場合は、「出産手当金」もついてきます。

健康保険と国民健康保険は日本の制度のため海外で使うことはできませんが、もしも海外で病院にかかったとき、日本に帰ってきてから請求すれば、治療費を還付してもらうことも可能です。「海外療養費還付支給制度」といいます。

申請書と、海外の病院を受診した診療内容明細書、領収明細書などの必要書類を和訳とともに提出する必要はあるものの、たとえば海外旅行で急病になり、緊急手術を受けたという場合、負担は3割で、差額は戻ってくるわけですから金額としては大きいでしょう。

まとめ

「就業不能保険」「所得補償保険」といった民間保険の名称を見ると入っておいたほうが安心に思えますが、そうした保障も公的保険や障害年金がカバーしています。

「生命保険」

生命保険の種類がありすぎて、どれに入ればよいのかわかりません。窓口に相談して、比較して決めようかな。

公的保険でまかなえる範囲を把握したうえで、子どもの教育費など、足りない部分を民間の生命保険で補うというのが、保険においての正しい考え方です。

しかし、自分では「これだけの保障でいい」と思っていても、生命保険会社もあの手この手でさまざまな商品の誘いをかけてきます。

それでは、生命保険に入るとき、生命保険会社のカモにならないためにどうしたらよいのか。**心得ておくべきことは二つで、一つは保険料の安い掛け捨てを選ぶこと、もう一つはインターネットを利用すること。**これだけ押さえておけば、失敗することはありません。その理由を説明していきましょう。

私たちは、一般的に「値段が高いものほどいいもの」だと思いがちですが、生命保険に限っていえば、そうではありません。**保険は、安いほどいい**のです。その理由は、保険料の決定のしかたを知れば理解できます。

この章の最初に述べたように、生命保険で保障されるのは二つだけです。死んだときにお金が出る「死亡保障」と、ケガや病気を治療するときにお金が出る「入院（通院）保障」。そして、この二つの保険料は、厚生労働省が作成して発表しているデータをもとに決められています。

死亡保障のもとのデータになっているのは「生命表」、そして、入院（通院）保障のもとのデータは「患者調査」をもとに作られた「受療率」。入院（通院）保障の保険料は、そのほか、病気ごとの入院日数のデータなども加味して算出されますが、基本的には、「生命表」と「受療率」から生命保険は設計されているのです。

「生命表」と「受療率」は、どちらも年齢別、男女別にとった統計表。「生命表」を見れば、たとえば20歳女性の生存数と死亡数はどのくらいか、あるいは60歳男性ではどうなのかが、ひと目でわかるようになっています。「受療率」も同じです。年齢別、男女別の入院人数や外来人数がわかります。

一般的には年齢の若い人のほうが死ぬ確率は低いし、男性と女性では女性のほうが長生きします。年齢別、男女別に異なる保険料金が設定されているのは、このデータをもとにしているからなのです。

保険商品は、同じ年齢・性別の人たちを集めたグループを作り、「生命表」や「受療率」をもとにグループごとの保険料を定めて、死亡したり、ケガや病気を負うという不幸クジを引いた人にお金を出すように作られているわけです。

これが生命保険料の基本的な仕組みで、生命保険の２つの保障は実質的には１年の掛け捨てです。

保険は、売られるときには情緒に訴えてくることが多いですが、その本質は、非常に数理的な商品なのです。

さて、ここで実際に生命保険料を調べてみると、保険会社によってかなり開きのあることがわかります。某保険料比較サイトで、「死亡保険・35歳・男性・保障額１０００万円・保険期間10年」という条件だけで検索すると、12以上の商品が並びました。その表で保険料だけを見ると、**一番安いのが月額１３７８円、一番高いのが３１１０円**と、かなりの開きがあります。

どの保険商品も、日本人の年齢・性別ごとの死亡率や治療を受けた人の比率という同じデータをもとに作られるのに、どうしてこんなに差が出るのでしょうか。

その理由は、ずばり、会社によって保険料に上乗せする経費がそれぞれ異なるからです。保険料が高くなるのは、それだけの経費が上乗せされているからと言ってもいいでしょう。同じ保障内容なら、経費の上乗せ分が少ないほうが、保険料は安くなります。

その**経費の中でも大きいと思われるのが、人件費**です。営業マンをばんばん外に出し人海戦術で契約を取る会社とインターネットで契約を募る会社を比べたら、圧倒的にインターネットのほうが、人件費が少なくて済みます。その分、上乗せされる経費が減り、保険料も安くなるわけです。

つまり、同じ保障内容の商品であれば、単純に安いほうを選べばよいということになります。

入るなら「インターネットを利用すること」と最初に言ったのは、そういう理由です。インターネットなら営業マンに会わないので、セールストークに乗せられることもありません。

まとめ

民間の生命保険は、必要な保障額の分だけ、掛け捨てで入ること。
インターネットの保険なら、人件費が不要なぶん、保険料は安くなります。

「貯蓄型生命保険」

どうせ生命保険に入るなら貯蓄型のほうが安心だし、
預金も兼ねられてよさそう。
銀行に預けておくより得しそう。

個人年金保険や学資保険などの貯蓄型の保険は、どういう仕組みになっているのでしょうか。

簡単に言うと、**掛け捨ての生命保険に貯金機能がついている**というイメージです。つまり、掛け捨ての生命保険＋貯金分を保険料として払うということ。「それでも貯金もできるならいいじゃないか」と思うかもしれません。

大手銀行に1万円を預金すれば、今なら0・001％の利率で運用されていきます。いっぽう、生命保険の多くは現在の運用利回り（予定利率）が0・3％以上。銀行よりよい運用という気がします。

しかし、ここがみなさん錯覚しがちな点なのですが、貯蓄型の保険に1万円を払っても、その1万円すべてが運用されるわけではありません。まず1万円から保険会社の経費が引かれます。保険商品である以上は、掛け捨ての死亡保障や医療保障をつけなければなりませんから、その分も保険料として引かれます。その残りが決められた利率で運用されていくということです。

仮に1万円のうち、経費で２０００円、掛け捨て保険料で５０００円が引かれたとすると、残りは３０００円です。この３０００円を０・３％で1年間運用したとして、利息はわずか９円。３００９円にしかなりません。預金なら1年後でもまちがいなく1万円は残り、そこに利息もついてきます。だったら、保険は掛け捨てにして預金は銀行でしたほうが、よほど合理的です。

たしかに、バブルのころは貯蓄型の保険もよかったのです。なぜならば、５・５％という高い運用利回りだったから。保険の運用利回りは、入ったときの数字で最後まで運用されますから、５・５％もつけば、大きく増えます。もしも**高い運用利回りのときに貯蓄型の保険に入っていたなら、解約せずに継続**しておきましょう。

しかし、いまは運用利回りが０・３％くらいですから、まったくと言っていいほど増えません。**将来的に景気がよくなって預金の利子が2%、3%とつく時代が来たとしても、保険の運用利回りは契約時に定められた０・３％のまま**ということになります。

貯蓄型生命保険も、後で取り上げる個人年金保険も、いまの低金利下では役立たず。老後に備えるなら、保険にお金を払うのではなく、貯金して現金をしっかり持っておくことです。

民間保険にもし加入するなら、貯蓄機能がついた商品は対象外。さらに公的保険で足りない分だけをまかなうと決めれば、選択肢は狭まります。その中から、保険料の安いものを選べばいいのです。

加入しておきたいのは、掛け捨ての生命保険のみですが、医療保険も、お守り程度に入っておいてもいいでしょう。健康保険が適用される入院ならほとんどお金はかかりませんから、さらに民間保険に入るとしたら、どんな病気でも1日5000円くらいお金が出るようなものにしておけばよいでしょう。公的保険のところでもお話したように、日帰り入院保障などは必要ありませんし、「がん保険」「三大疾病保険」など、その病気にならなければお金がもらえないような保険に入る必要もありません。

また、入院1日目から保険金が支払われるものと、7日目から出るというものがあったら、当然7日目から出る保険のほうが保険料が安くなります。一週間程度の入院なら、ポケットマネーでもなんとかなりそうですから、安いほうに入ればよいでしょう。

そもそも、入院するかしないかなんてわからないのだし、あくまでもお守り代わりなら、安いほうがいいと私は思います。

まとめ

現在の運用利回りでは、貯蓄型の生命保険で資産は増やせません。検討する生命保険から、貯蓄型は外すこと。ただし、利回りのよい時代に加入した保険があるのであれば、大事にお金を入れておきましょう。

「外貨建て生命保険」

外貨建て生命保険は利回りもいいし、お金の預け先としてよさそう。最近はよく勧められるし、間違いない？

外貨建て生命保険とは、「保険を日本よりも高利回りな国の通貨で運用できる」というのが売り文句の貯蓄機能つきの生命保険です。外貨で運用するため、外貨で支払いをし、保険金や満期金も外貨で受け取ります。

本来なら、不要な貯蓄機能がついているという時点で選択肢から除外したいのですが、「低金利の日本円ではなく、金利の高い外国の通貨で運用するからトク」と言われると、つい興味をひかれるということもあるでしょう。

しかし、**外貨建て生命保険には、「入らないほうがいい」**と私は思います。なぜなら、リスクが大きいからです。

たしかに日本の保険の運用利回りが約0・3％なのに対して、外貨建て生命保険は1～2％です。その理由は、利回りの高い海外の金融商品で運用するからで、海外は日本に比べて金利が高く、たとえばアメリカの国債の30年債なら、2・42％（2021年3月17日現在）となっています。

生命保険は、その性質上、長期でお金を預けるもの。保険会社としては、保険に加入してもらって30年もののアメリカ国債を買えば30年間は2・42％で運用していけるわけですから、商品に1～2％の利率をつけても利益が出るのです。

しかし、外貨には為替のリスクがあります。このことは1章の外貨預金のところでも説明しました。為替レートが変動すれば、受け取る保険金や満期金が減ってしまう可能性があり、減った分を保険会社が補ってくれるわけではありません。リスクを負うのは、加入した人です。加入した人は円安（ドル高）になれば得しますが、当然、円高（ドル安）になれば損をします。

もしこれが投資商品なら、タイミングを見て売ったり買ったりして差額で儲けることができます。ところが保険の場合、お金を受け取れるのは、途中で解約するか、死亡したり病気やケガをしたときです。得をしようと思ったら、**円安のタイミングを選んで死んだり病気になったりしなければならない**のです。そんなに都合よくコトが運ぶわけはありません。

いっぽう、保険会社にとっては円安も円高も関係ありません。

なぜなら、保険に加入している人は為替の影響を受けて損したり得したりしますが、保険会社にはこうしたリスクはなく、販売手数料が稼げます。銀行や証券会社が投資信託で儲けるときと同じ仕組みです。さらに外貨商品なので、為替手数料も稼げます。保険会社にとっては、二重のうまみを備えた商品なのです。

必要のない貯蓄機能がつき、為替レートの変動というリスクまでついて回る外貨建て生命保険でいい思いをするのは保険会社だけです。こんな保険に入る必要はありません。

まとめ

外貨建て生命保険には、不要な貯蓄機能がついているうえ、為替変動のリスクがあります。

投資であればレートがよいときに売り抜けられますが、タイミングをみて病気になったり死んだりすることはできません。

「個人年金保険」

公的年金だけでは不安だし、個人年金にも入っておいたほうがよさそう。銀行に、預金口座から移すことを勧められました。

個人年金保険は貯蓄型生命保険の一種で、一定の年齢まで保険料を積み立て、その積み立て金をもとにした年金を老後に受け取れるというものです。「公的年金だけでは老後が不安な人に」という売り文句に関心を持つ人が多いようです。しかし低金利の今は、個人年金は入るだけ損です。その理由を説明していきましょう。

個人年金保険の種類は、大きく分けると従来型の「個人年金」と「変額個人年

金」のニつです。

まず従来型の「個人年金」ですが、「貯蓄型生命保険」の項目でもお話ししましたが、下図のとおり、いまの運用利回りは低すぎて、大きく増やすことはできません。払った額から保険会社の経費が引かれ、保険料となる部分が引かれ、残った分を低い金利で運用するのですから、1万円を払ったとして、もとの1万円に戻すだけでも時間がかかります。

途中で解約すれば高い手数料が取られますし、年金として受け取る30年後の物価がどうなっているかも、誰にもわかりません。極端なことを言えば、

生命保険の運用利回り(予定利率)の変化

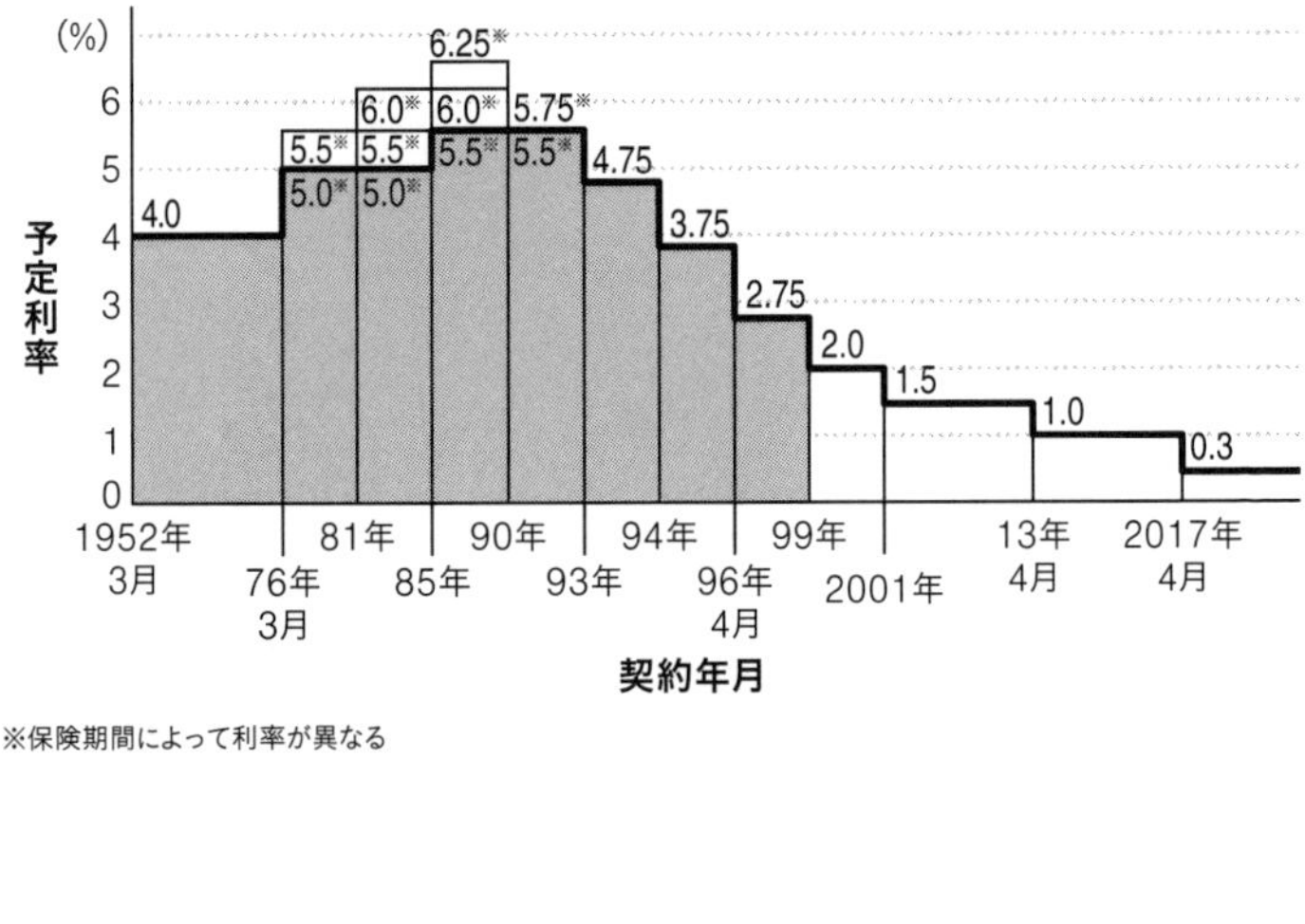

※保険期間によって利率が異なる

コーヒー1杯が1万円になっていることだってあるかもしれないのです。

年金受け取りまでに保険会社が破たんすることも大いに考えられます。

すべての保険会社は「生命保険契約者保護機構」に加入しているので、破たんしても保険契約はほかの会社にそのまま引き継がれるのですが、その際、**貯蓄部分に関しては削られてしまい、受け取る年金額が当初の予定額を下回る可能性が大きい**のです。こんなリスクを抱えるくらいなら、貯金をしたほうが、よほど老後に備えられます。

ただし、その他の貯蓄型保険商品と同様、運用利回りが高いときに入った個人年金があるなら、解約せずに持っておきましょう。低金利の今でも高い利回りで運用されていますから、預貯金よりもお金が増やせます。

もう一つの「変額個人年金」ですが、これはおもに投資信託で運用する商品です。保険の手数料に加えて投資信託の手数料が引かれることになります。手数料が引かれてもそれ以上に増えればいいのですが、低金利時代のいま、期待はできません。

こうした商品は、運用を投資信託でするので、保険商品ではありますが、元本割れのリスクもあります。

運用がうまくいかずに損が出た場合、保険会社は、該当商品に対して「売り止め」（募集停止）、もしくは「休止」という措置を取ります。

たとえば、1000万円を預けたのに運用損が出て800万円を切ってしまった変額個人年金があり、「売り止め」となったとします。この時点で引き出した場合、戻ってくるのは約800万円ですが、元本保障がついた商品であれば、期間満了まで待ち、契約どおり、たとえば15年間、年金として受け取り続ければ1000万円もらえることは確定しているとしています。

「それならいい」と思えるかもしれませんが、よく考えたら預けた分が戻ってくるだけですから、一つも得になっていないのです。預貯金だったら、微々たる額でも利息がついてきます。

さらに従来型の個人年金同様、加入した保険会社が破たんすることもあります。

実際、日本で最初に変額個人年金を売り出したハートフォード生命という会社は、いまはもう存在しません。

保険会社が生き残ることすら大変な時代なのですから、それに巻き込まれないようにしたほうが老後は安心な気がしますが、どうでしょうか。

まとめ

個人年金保険は、受け取り時期があまりに先すぎて、その頃の円の価値や物価、保険会社の存続がどうなっているのか見極めるのは不可能。
ただし、利回りがよい時代に入っていたものはだいじに継続していきましょう。

「学資保険」

子どもの進学費用のためにと、親に勧められました。子どものうちは病気やケガも多くするだろうし、わが子のために、やっぱり必要？

学資保険（子ども保険）も貯蓄型生命保険の一種。教育資金が貯められるほか、子どものケガや入院にも備えられるという保障がついているものもあります。子どもが生まれたとき、自分の親などに「学資保険に入っておけ」と言われた人も多いのではないでしょうか。はたして、学資保険は本当に入る価値のある保険なのでしょうか。

30年前、バブルの頃に販売されていた学資保険は、大きく増えて戻ってくる保険でした。たとえば父親が30歳、子どもが1歳で学資保険に加入した場合、１００万円を払えば子どもが18歳になる頃には１８０万円くらいに増えて戻ってきたのです。これだけ増えれば、たしかに入る価値はあります。

しかし時代は変わりました。超低金利時代でちっとも増えないどころか、昔はなかった入院保障などがついているため、１００万円を払っても戻ってくるときには１００万円を切ってしまうこともザラです。たとえ元本割れしなくても、１００万円を払って18年後に１００万円を受け取ることに、いったい何の意味があるのでしょうか。

参考までに、学資保険のセールストークでよく言われるのが、

①「将来の蓄えになる」
②「子どもがケガや病気で入院したら給付金が出る」
③「保険金をかけている人（親）が死んだら、それ以降の保険料は払わずに満期金がもらえる」

の3点です。このうち①については、将来の貯金にならないことは説明したどおりです。貯金になるどころか、減るリスクすらあります。

②に関しては、**いまは自治体単位で医療費の助成がされていて、子どものケガや病気での入院も、中学生ぐらいまでは全額助成というところがほとんど**です。厚生労働省が実施した令和元年度の「乳幼児等医療費に対する援助の実施状況」によると下のとおりです。

表を見ると、市区町村レベルではかなり手厚い援助のあることがわかりま

子どもの医療費援助　市区町村の実施状況

対象年齢(〜まで)	通院	入院
就学前	66	6
8歳年度末	2	0
9歳年度末	16	8
12歳年度末	72	14
15歳年度末	923	968
18歳年度末	659	715
20歳(22歳)年度末	2(1)	2(1)
実施市区町村数計	**1,741**	**1,741**

(令和元年度/単位:市区町村)

す。

学資保険によっては子どもが死亡したときにも給付金が出ますが、死亡保険の意味合いであれば、一家の収入を支えている親以外は入る必要はないでしょう。

③の「保険金をかけている人（親）が死んだら、以降の保険金を払わなくても満期金がもらえる」というのも耳ざわりのいい言葉ですが、それなら、シンプルに親が掛け捨ての生命保険に入っておけばよいですし、学資保険に入れるお金を貯金しておいたほうが、万が一のときに引き出せる分、余計なリスクを負わずに済むはずです。

まとめ

子どもの進学にかかる教育費用であれば、学資保険より貯金しておくほうが使いやすいでしょう。
医療費の保障などの特典もあるが、そもそも中学生ぐらいまでは医療費が全額助成される自治体が多数なため、不要です。

「就業不能保険」

病気で長期間苦しんだり、高度障害になったりして、働けなくなったらどうしよう。やっぱり就業不能保険には入りたい。

生命保険は、死ぬか入院するかしないとお金がもらえません。会社員や公務員なら自宅療養でも健康保険の傷病手当金が出ますが、国民健康保険に傷病手当金はないので、自営業の人は、働けないほどの病気やケガをした場合、収入源を絶たれてしまいます。

そこで、ケガや病気などで働けない状態になったときにお金がもらえるようにと売り出されたのが、「就業不能保険」です。たとえ寝たきりになったとしても、契約した年齢までは保険金が給付されます。

この説明だけ聞いたら、とてもいい保険に思えるかもしれませんが、簡単にお金がもらえるわけではないことに気をつけてください。仕事を休めばすぐお金がもらえるのであれば、誰もが休みに入る前に加入してしまいます。そうさせないために、保険会社ごとの厳しい要件があり、その要件を満たさなければ給付はされません。

たとえば医師による在宅療養の指示や診断書は必須ですし、保険会社によっては、給付条件が、がんや心筋梗塞など特定の疾病に限定されていることも。また多くの就業不能保険では、回復までに時間がかかる精神疾患は対象外とされています。

さらに、要件がクリアできたからすぐにお金がもらえるかというと、そうではありません。**60日、180日などの待機（支払い対象外）期間があり、その間ずっと同じ症状が続いていなければ給付されない**のです。

たいていの病気やケガだったら、手術をして7日間くらい入院し、退院して1か月も経たないうちに復帰できるのではないでしょうか。待機期間中に働けるようになってしまったら、給付はされません。
保険の名称だけ聞くと安心感を覚えるかもしれませんが、給付までにはさまざまな制約や要件があります。そして結局はもらえないとなるなら、自営業の人でも、もしものときのためなら、貯金をしておいたほうがよいはずです。

まとめ

就業不能保険は、保障の条件が厳しく、実際に就業不能になっても支払いの対象にならないことも。まず、公的保険を使うことを考えるべきでしょう。自営業の人も、現金で備えたほうが◯です。

「収入保障保険」

自分が死んだときの一時的な保険金だけでなく、その後も暮らしていく家族のために、給料に代わる継続した収入が欲しい。

収入保障保険も就業不能保険と同じで、なにやら安心感のある名称ですが、こちらの保険は簡単に言うと、分割で受け取れる死亡（あるいは高度障害状態になった場合の）保障です。月ごとか年ごとに、遺族年金のようなかたちで給付されますが、死亡する年齢が遅くなればなるほど、受け取れるお金が少なくなる仕組みになっています。

たとえば、30歳の男性が、「60歳までに死亡した場合、60歳になるはずだった年まで、家族が毎月20万円を受け取れる」というタイプの収入保障保険に入ったとしましょう。

このとき、もし加入してすぐに男性が死亡したとしたら、20万円×12か月×30年分、７２００万円の保険金を分割で受け取ることができます。しかし、長生きすればするほど、かける年数が減っていきますから、ずっと同じ保険料を払い続けて58歳で死んだとしたら、20万円×12か月×２年分で、受け取れるのはたった４８０万円。

わざわざこんな保険に入る必要があるでしょうか。保険料と同じ額を貯金し続けていくほうが、よっぽど安心です。

繰り返しますが、遺族年金は公的にカバーされています。民間保険は、あくまで掛け捨ての死亡保障を選びましょう。それなら、年を取るごとに保険金が減るということはなく、いつ死んでも同じ額がもらえます。

まとめ

あくまでも、生命保険は掛け捨てで、保険金が一括で払われるものに入ること。

あとは、公的保険の遺族年金でまかないましょう。分割で受け取る生命保険は、損をすることが多いです。

「引《ひき》受《うけ》基《き》準《じゅん》緩《かん》和《わ》型《がた》保険」

持病があるのだけど、だからこそ保険には入っておきたい。加入しやすい保険を探しています。

民間保険は、加入するときに「告知」という義務がありますが、これは過去の傷病歴や現在治療中の病気などを保険会社に申告するものです。持病がある人は、それだけ死亡確率が高くなるので、診査が通らず、加入できないことがあります。「引受基準緩和型保険」は、その名のとおり、診査の基準が緩和されていて、病気治療をした人や持病がある人でも入れる医療保険です。

当然といえば当然ですが、**通常の医療保険に比べると保険料が高く、おおむね1・5倍から2倍かかります。**

詳しい告知項目は保険会社によって異なりますが、だいたいの傾向は同じです。

「最近3か月以内に医師から入院・手術・検査などを勧められたことがあるか」

「過去2年以内に入院あるいは手術をしているか」

「過去5年以内にがんや心臓病、肝硬変などの重大な病気にかかり、治療・手術・投薬などをしているか」

の三つを問われ、これらすべてが「いいえ」なら加入できるようになっています。結局、重病の人はふるい落とされるわけです。

さらに、契約してから1年間を「支払削減期間」として設定している保険も多くあります。この**支払削減期間中に保険金の支払いが生じた場合、50％しかもらうことができない**のです。通常より高い保険料を払うのに、加入後すぐに死亡すると満額を受け取ることができないのですから、なんだか理不尽です。

それなら、保険には入らずに貯金をして、病気になったらそれでまかない、病気にならなければ生活費や老後の資金にするというほうが、よほど合理的でしょう。

まとめ

加入の条件がゆるいため、当然、保険料は高くなります。また、加入してしばらくは保険金が全額支払われないケースも。高い保険料を払って加入したのに、思ったように保障を受けられるとは限らないのです。

「特約」

がんや女性に多い病気、それに先進医療については、しっかり備えておくべきかな。オプションの保障内容もつけておきたい。

特約とは生命保険の主契約に追加できるおまけの保障で、**「三大疾病特約」「先進医療特約」「女性医療特約」**など、さまざまなものがあります。無料でつけられるものもありますが、多くは有料。あれもこれもつけると、それだけ保険料が高くなるので、つけるなら本当に必要なものだけにしぼりましょう。その際、保険金が支払われる要件をしっかり確認することも忘れてはなりません。

たとえば、日本人の死因の半分を占める「がん」「脳卒中」「急性心筋梗塞」のいずれかにかかったら保険金が出るという「三大疾病特約」。日本人に多いと聞かされると、特約としてつけておこうという気持ちになることも理解はできますが、これらの病気と診断されたら必ず保険金が出るかというと、そういうわけではないのです。保険会社によっても異なりますが、たとえば次のような要件が提示されています。

がんの場合は、「上皮内《じょうひない》がん」「悪性黒色腫ではない皮ふがん」は保険金給付の対象外の場合が多くあります。

脳卒中は「くも膜下出血」「脳内出血」「脳梗塞」が対象で、なおかつ医師の診断をはじめて受けてから60日以上、言語障害や運動失調、体の麻痺などが続いていると医師が判断することが保険給付の要件。

急性心筋梗塞は「狭心症」は対象外で、保険加入後に初めて医師の診療を受けた日から60日以上、働くことが困難な状態が続いていると医師が診断したこと。

厚生労働省が実施して発表している「患者調査」の最新（２０１７年）の統計によると、心疾患の平均入院日数は19・３日、脳血管疾患は78・２日となっています。これを35〜64歳に年齢を絞りこむと、心疾患の平均入院日数は９日、脳血管疾患は45・６日。この数字だけで判断するなら、60日以内に治療が済み、後遺症も残らない可能性は十分にあるということです。その場合、保険金は給付されません。

とにかく保険商品には、こうした条件が小さな字でびっしりと書かれていて、言い方は悪いですが、**なにかと支払われない理由をつけてくる**のです。

高齢になると三大疾病にかかる確率は高くなりますが、そうすると保険料も上がるので、解約する人も多いといいます。だったら最初から特約をつけなくてもよさそうです。

また「先進医療特約」ですが、先進医療については１２５ページで説明したとおりです。つけるのであれば保険金が出る要件、自分の病歴や体調などをしっかり確認、検討してからにしましょう。

まとめ

特約に該当する病気になっても、細かな要件を満たさず、受給できない場合が多くあります。高齢になると保険料も上がり、解約する人も多いという、本末転倒な結果にも。

「火災保険」

ここまで、私たちの生命・健康に関する保険について解説してきましたが、それ以外の保険についても考えてみたいと思います。

まず、火災保険には入っておいたほうがいいと思います。大きな理由は、2点。

一つは、隣《となり》近所から出た火が広がって自分の家が燃えてしまったとき、よほどの事情がない限り、火元は賠償責任を負うことがないからです。

自分の家は火の管理に気をつけていても、もし隣家の天ぷら油から火が出て隣は丸焼け、わが家も丸焼けになったとしたら、自分が火災保険に入っていなければ何の補償もありません。ただの燃え損で泣き寝入りするだけ。

火事は、どんなに自分が気をつけていても、もらってしまうことがありますから、火災保険に入り、自衛しましょう。


もう一つの理由は、多くの火災保険が自然災害にも対応していることです。２０１８年版の『消防白書』によると、２００７年以降、火災件数はおおむね減少傾向にあります。なのに、火災保険料の支払い額は上がっているのです。

なぜかというと、自然災害に対する保険金の支払いが急増しているから。損害保険料率算出機構の統計『火災保険・地震保険の概況』の２０２０年度版を見ても、２０１０年までは火災、落雷、破裂・爆発に対する支払いが自然災害に比べて多かったのですが、２０１１年以降は逆転し、自然災害への支払いのほうが多くなっています。

データとしていちばん新しい２０１８年度の支払い額で見ると、**火災、落雷、破裂・爆発に対する支払い額が４２８億円、自然災害は７０７９億円と、約17倍**。そのほかに分類される水濡れ損害なども６００億円と、火災の支払いを上回っています。

近年の日本は、何十年に一度といわれる自然災害が、毎年のように頻繁に起こっています。そういった災害に備えるのも、火災保険なのです。

ただ、たとえば川の近くに住んでいるのとそうでないのとでは水害を受けるリスクも変わってきますし、一戸建てに住んでいるかマンションに住んでいるかでも必要な補償が違ってきます。補償内容も、マンションの高層階に住んでいる人には必要のない床上浸水の水災補償を除外できるなどのバリエーションも増えています。ハザードマッ

火災保険の支払い状況

支払い対象	支払い件数	保険金
火災	6,828件	335億円
自然災害 （風・ひょう・雪・水）	84万6,364件	7,079億円

（損害保険料率算出機構統計『火災保険・地震保険の概況 2020年度』より）

プなどで住んでいる地域の災害リスクを確認し、住まいに合ったプランを選びましょう。

なんと言っても、家は大きな財産です。なくなってしまったときに困らないよう、加入しておくに限ります。

まとめ

火災は自分に非がなくても被る可能性のあるもの。大きな財産ですから、火災保険には加入しておきましょう。
また、火災以外の、台風などの自然災害に対応している商品も増え、支払い額も年々増えています。

「地震保険」

地震大国の日本では必須の保険な気がする。家がなくなったら困るし…。そもそも、どれだけ保険金がおりるものなの？

地震保険には、ほかの保険商品にはない特徴があります。それは、**国が設計し、国が損害保険会社と共同で保険金の支払いを行う商品**だということです。

火災保険も含め、ほかの保険は、個別の保険会社が企画・開発しているので、保険料もバラバラなら、補償内容もバラバラ。しかし、地震保険は、国が設計した商品を損害保険会社が販売窓口となって売っているので、内容は全国共通です。

ただし、保険料は都道府県によって異なります。これは、過去の地震発生データなどをもとに設定しているから。地域によって差があり、保険期間が1年で地震保険金額１０００万円の木造建築の場合、いちばん安い自治体の保険料は年１万２３００円、いちばん高い自治体の保険料が4万２２００円となっています。

地震保険にはもう一つ特徴があります。それは、単独では加入できないこと。**火災保険とセットでしか契約することができない**のです。ただし、すでに火災保険に加入している場合に、後から地震保険を加えることはできます。

さらに加入できる金額は、火災保険の30～50％の範囲内で、保険金は建物が５０００万円まで、家財が１０００万円まで。つまり、補償額が２０００万円の火災保険に加入した場合は、最高でも１０００万円までの地震保険にしか加入できないということです。

また、地震で損害を受けたら必ずかけた保険金が支払われるかというと、そうではありません。どの程度の損害を受けたかによって、もらえる保険金の額が変わります。

建物・家財の場合、損害の程度に区分があり、２０１６年以前と２０１７年以降では若干の違いがありますが、支払われる保険金の割合が次のように規定されています。

全損に該当するのは、たとえば地震による土台、柱、屋根などの主要構造部の損害額が建物の時価の50％以上と判定された損害で、その場合は１０００万円の保険金をかけていれば、１０００万円を限度としたお金がおります。

しかし、損害額が時価の40％以上50％未満の場合は大半損となり保険金は60％の６００万円。

損害額が時価の20％以上40％未満の場合は小半損で保険金は30％の３００万円。

それに満たない被害の場合は一部損として５％、つまり50万円が、それぞれの限度の支払い額ということになります。

過去の事例では、**地震の被害で多い屋根瓦が落ちたり、床上浸水したりといった被害は「一部損」と判定されるケースが多く**、２０１６年の熊本地震の際も「全損」との判定を受けたのは、契約者の４・１％にとどまったといいます。

なかには、被害を受けても「一部損」との判定すら得られないケースも多く見受けられますし、門や塀だけの損害だったら支払いの対象外。さらに、地震が発生してから10日以上経って生じた被害についても補償はされないことも覚えておきましょう。

もう一つ気をつけたいのが、地震で火災が発生したときです。地震の影響で火事になり、家が燃えたら火災保険で補償されると思うかもしれませんが、**地震による火災は火災保険の対象外**。地震が原因での損害は、地震保険でしか対応できないので、あわせて覚えておいてください。

なお、地震保険には、建物だけでなく、家財に被害を受けた場合の補償もあります。自動車、30万円を超える宝石や骨董《こっとう》品、設備、什器など対象外のものもありますが、賃貸住宅に住んでいる人が地震保険に入るのなら、家財の補償だけでもつけておけば十分ではないでしょうか。

こうしてみると、**地震で損害を受けたとしても、地震保険で家を建て直せるほどの保険金がもらえるわけではない**ことがわかります。補修の足し、あるいは生活を再建するまでの足しくらいに思っておいたほうがよさそうです。

ちなみに、東京都で木造住宅に1000万円の保険金をかけた場合、1年間の保険料は4万2200円です。地震はいつ起きるかわかりませんから、その金額が安いと思うなら入ったらいいし、そうでないなら保険料を払うつもりで自分で積み立てをして、いざというときに備えてもいいかもしれません。毎年4万2200円ずつ13年間積み立てていけば、先ほどの一部損の保険料と同額以上になります。何も被害がなければ、貯まったお金をほかのことに使ってもいいわけです。

なお、地震保険に加入すると、税金の控除も受けられます。住宅ローンを返済中に被災した場合は、「被災ローン減免制度」を活用できる場合もあります。

また、地震保険は1年契約ですが、最長5年までの契約ができ、その場合は割引が適用されます。たとえば3万円の保険料の場合、5年契約で一括払いにすれば1年あたり2万7900円。期間中に地震保険料が値上がりしても、追加の支払いはありません。

さらに、「建築年割引」「免震建築物割引」「耐震等級割引」「耐震診断割引」という4つの割引もあり、いずれか1種類を適用できます。これに該当すれば、かなり安い保険料で済むことも。

地震保険については日本損害保険協会のｗｅｂサイトで保険料の試算ができるので、気になる人はチェックしてみてください。

東日本大震災から10年以上が経ちますが、まだまだ生活再建には至っていないというご家庭も少なくありません。今後30年のうちに、かなり高い確率で南海トラフ地震が起きるとも言われています。

それにもかかわらず、地震保険の加入率は3割ほど。決して高い数字ではありませんが、考えようによっては、地震保険に入ろうかどうしようか迷っている人が多いということかもしれません。住んでいる地域にもよりますが、火災保険に加入するときに地震保険も一緒に検討してみる価値はありそうです。

まとめ

地震保険は「全損」と認められる条件が厳しく、床上浸水でも「一部損」と認定されるケースも。

保険金だけで家を再建できるとは考えないほうがよいですが、税金の控除も受けられるので、加入の検討を。

「自動車保険」

自分が交通事故の加害者になってしまったとき、車を持っていれば必ず加入する自賠責保険だけでカバーできるものなのかな…。

自動車保険には、法律で加入が義務づけられている自賠責保険（自動車損害賠償責任保険）と、任意で加入する自動車保険があります。

自賠責保険に入っていればどうにかなる気もしますが、人身事故を起こした場合、それだけでは対応は無理。高額の賠償責任を負わねばならず、億単位のお金が必要になることもあるからです。過去の賠償金額の最高額は5億円を超えていますから、**自賠責保険の支払い限度額の３０００万円程度では、とても足りません。**

どんなに気をつけて運転していても、事故を起こす可能性はゼロではなく、不測の事態で人を死亡させてしまったときのことなどを考えると、やはり民間の自動車保険で、できれば対人補償、対物補償ともに無制限のものに入っておくと安心です。

また最近は、新しい自動車保険も注目されています。世界中で広がりを見せ、欧米ではかなりのシェアを占めている「テレマティクス保険」です。

テレマティクスとは、通信を意味する「テレコミュニケーション」と、情報科学を意味する「インフォマティクス」を組み合わせた言葉。わかりやすくいうと、カーナビやドライブレコーダーの情報、スマホアプリなどと連動して契約者の運転情報を保険会社が把握し、保険料を算出するという仕組みの自動車保険です。自分の車にドライブレコーダーがついていない場合、ドライブレコーダーの貸し出しをしてくれる保険会社もあります。

メリットは、安全な運転をしていれば、その情報を得た保険会社が保険料を下げてくれること、また事故を起こしてしまったときの対応がスムーズで早いことですが、一方で、個人情報にも関わる走行ルートや位置情報が常に保険会社に筒抜けになるというデメリットもあります。

また、すでに等級の高いドライバーの場合、思うほど保険料が安くならないこともあるので、契約の際は、よく考えてください。

もしかしたら、将来的には自動車保険はなくなるかもしれません。なぜなら、自動車は自動運転に移行していくからです。ただ、自動運転で事故が起きたときのガイドラインが示されていないので、まだしばらくは、自動車保険は必要な保険といえます。

まとめ

入る義務のある自賠責保険のほかに、対人・対物補償ともに無制限の自動車保険に入っていたほうが安心。技術の進歩によって新たな保険形態も誕生。自動運転が普及すれば、今後、保険の構造も変わるかもしれません。

要注意ワード

「貯金するより賢いですよ」

予定利率が5.5％のころ、いわゆるバブル期に貯蓄機能つきの生命保険に入った人なら、いまもその利率で保険金が増えているわけですから、貯金も兼ねた年金代わりになるといえるでしょう。

でも、いまこれから加入しようと考えているなら、保険での貯金なんて考えないほうがいい。そのことは個人年金保険やほかの項目でも、繰り返しお伝えしました。

現在の貯蓄型生命保険の運用利回りはたったの0.3％ほど、しかも、預けたお金から手数料などを引かれた後の金額での運用です。それだったら、預貯金をしてわずかでも利息を増やしていったほうがマシ。預貯金なら、手数料や経費が引かれることなどありません。

貯金をして、いつでも使える状態にしておいたほうが賢いに決まっています。

要注意ワード

「早く入るほどお得です」

若い人と年を取った人を比べたら、どうしたって若い人のほうが死亡したり入院したりする確率は低いので、保険料が安くなるのは当たり前です。

保険料が安くても、そのぶん保険金を受け取る確率も低いわけですから、別にどちらが得とか損とかいう問題ではありません。

また、「保険料が加入時から生涯上がらない」という商品なら、早く入るほどお得という場合もありそうですが、早く入ればそのぶん保険料を払う期間が長くなり、遅く入ればより高い保険金を設定されるわけですから、これも当たり前の話です。保険は、極めて論理的に設計された商品ということを忘れないように。

唯一、保険でトクすることがあるとしたら、入ってすぐ死ぬことでしょう。それこそ、保険料を1か月分払っただけで死んだら、たった数千円で、死亡保障のお金がごっそりもらえることになります。生命保険であえて損・得を語るなら、そういうことなのです。

要注意ワード

「ご相談は無料です」

ご相談は無料と言いますが、実態は「相談」ではなく「セールス」ですから、無料なのは当然です。無料どころか、相談に行っただけでノベルティグッズをくれることもあるし、契約が成立したらさらにプレゼント、なんてことも。

でも、これらの費用がどこから出ているかといえば、それは契約した人たちです。無料相談の人件費は、経費としてちゃんと保険料に上乗せされている――ということは、無料と言いつつ、無料ではないともいえます。

保険商品は、「安心のため、家族のために」というような情緒的な売り方をしますが、とても論理的な商品で、基本は数理の世界です。死亡率などのデータをもとに保険料をはじきだし、そこに経費を上乗せしたのが、みなさんが払う保険料。だから人件費や手数料がかからないインターネットのほうが、圧倒的に保険料が安いのです。「相談無料」という言葉に引っかかってノコノコ出かけていくと、結局は無料どころか、高い買い物をさせられることになります。ノベルティグッズの費用も、保険料に上乗せされているのですから、ありがたくもありません。そうした無駄を省略するためにも、生命保険は、インターネットでシンプルに入りましょう。

要注意ワード

「お祝い金が出ます」

生命保険の保障は、死んだときにお金が出る、もしくは病気やケガで入院したときにお金が出る、その二つだけと説明してきました。それなのになぜ、お祝い金やボーナスが出る商品があるのか。「お祝い金」「ボーナス」などと言うから保険会社からお金がもらえると勘違いしがちですが、自分で積み立てたお金の一部が自分に戻ってくるだけのことです。

終身保険も同じ。人によって支払い方は違いますが、多くの人が入っているのは、60歳くらいまでに払い込みを終えて、一生涯の保障を得るというタイプでしょう。

60歳以降はお金を払わなくても終身保険の保障は続くということは、保険会社から貯金をおろしているのと同じことです。だから、保険の解約をすると「返戻《へんれい》金」という名目のお金がすぐに出てきます。でもこれは文字どおり、自分が積み立てたお金が戻ってくるだけ。しかも、金利の低い今はちっとも増えてなどいませんから、貯金としてのありがたみもありません。

まとまったお金がもらえるとなんとなく嬉しい気持ちになりますが、それはじつは自分が積み立てたお金で、誰かからもらえるお金ではないのです。うまい言葉に飛びつかないように気をつけましょう。

の書類を書かされることもあります。

ここで何が問題になるかというと、風水害の被害は火災保険の補償対象だとしても、屋根の老朽化は対象外だということ。修理する場合の費用は、自己負担です。

そのことに気づいて契約破棄を申し出ると、今度は「違約金を払え」と脅したり、法外なキャンセル料を請求したり……。それで困った人が、国民生活センターに相談するわけです。

保険会社が「災害で破損した」と認めた場合は保険金が出ますが、そうすると今度は「請求手続き代行契約」や「申請サポート契約」の名目で、高額な手数料を求めるというタチの悪さ。

風水害の被害を受けたときは、まず、契約している損害保険会社に自分で連絡することです。そうすれば手数料などかかりませんし、きちんと調査してくれます。そのうえで補償対象と認められれば保険金が支払われるので、もし修理するなら、その段階で信頼できる修繕業者を探せばいいわけです。

親切を装った業者の口車に乗せられ、台風の被害に遭ったうえに、さらに詐欺の被害にまで……ということにならないよう、くれぐれもご注意を。

要注意ワード

「台風で壊れた家を火災保険で」

火災保険の多くに風水害の補償がついていることはすでに説明しましたが、この言葉にも気をつけたいケースがあります。それは、修繕業者が持ちかけてきたときです。

ほかのワードと違い、セールストークではありませんが、最近火災保険を利用した修繕詐欺が増加しているといいます。国民生活センターが公表しているデータを見ると、修繕詐欺に関する相談は、2010年度から2019年度までの10年間で、なんと約24倍に増加。2020年度も8月31日までの相談件数が1445件と、2019年度の同時期までの相談件数827件に対して、およそ2倍に迫る勢いです。そんな状況もあり、みなさんが詐欺被害に遭わないよう、ここで取り上げました。

詐欺の具体的な手口は、次のとおりです。

まず大型台風などの後、修繕業者が被害を受けた家を探し歩き、電話や訪問という手段で近づいてきます。そして「火災保険に入っているのであれば、保険金が出るので自己負担なしで修理できますよ」と声をかけ、さらに「面倒な保険会社との手続きも代行します」「この機会に古くなった屋根も直してしまいましょう」などと見積書や図面まで用意して、言葉巧みに修繕請負《うけおい》契約を結ばせるのです。保険会社に保険請求をする際に必要だからと「請求手続き代行契約」「申請サポート契約」など

［著者］

荻原博子（おぎわら・ひろこ）

経済ジャーナリスト。1954 年生まれ。経済事務所勤務後、1982 年よりフリーの経済ジャーナリストとしての活動を始める。ダイヤモンド社、実業之日本社、日本実業出版社などで連載。難しい経済と複雑なお金の仕組みを、生活に根ざした視点でわかりやすく解説。地価下落、マンション価格の下落を早くから予測し、掛け捨て生命保険の活用を提唱。デフレ経済の長期化を予測し、ローンの返済の必要性を説き続ける。「年金だけでも暮らせます」（PHP 新書）、「投資なんか、おやめなさい」（新潮新書）など著書多数。

「コツコツ投資《とうし》」が貯金《ちょきん》を食《く》いつぶす

一生《いっしょう》分《ぶん》のお金《かね》を守《まも》る 投資《とうし》・保険《ほけん》の考《かんが》え方《かた》

2021 年 7 月 1 日　第 1 刷発行

著　者	荻原博子《おぎわらひろこ》
発行者	佐藤　靖
発行所	大和《だいわ》書房
	東京都文京区関口 1-33-4
	電話　03-3203-4511

カバーデザイン	小口翔平＋須貝美咲（tobufune）
本文デザイン・DTP	荒井雅美（トモエキコウ）
編集協力	たいらくのぶこ
校正	ツタヤノブコ
編集担当	中山淳也
本文印刷	信毎書籍印刷
カバー印刷	歩プロセス
製本	小泉製本

ISBN978-4-479-78536-1

乱丁・落丁本はお取り替えいたします。

https://www.daiwashobo.co.jp